KIELER
FÖRDE
Stinnes-Park
1
24
2
Golf-Club
Anscharpark
teenbeker Weg
3
Haltenauer Straße
Diederichsen-Park
22
Dorfstraße
Mönkeberger See
Olof-Palme-Damm
20
Ostring
Westring
Alter Botanischer Garten
18
4
Gutenbergstraße
Schrevenpark
Probsteier Platz
17
Schönberger Straße
16
5
Wehdenweg
HDW
7
6
Ostring
tzenpark
Kiel Hbf
Werftpark
9
15
Stadtrat-Hahn-Park
Werftstraße
8

fm falkemedia

Förde Fräulein

www.fördefräulein.de

Fotos: SoulPicture, www.soulpicture.de

Liebe Leserinnen, liebe Leser,

nun ist es schon anderthalb Jahre her, dass ich mich an den Schreibtisch setzte und gemeinsam mit KIELerLEBEN meinen Förde-Fräulein-Blog www.fördefräulein.de ins Leben rief. Bereits nach den ersten Artikeln konnte ich eine Vielzahl an begeisterten Lesern verbuchen. In erster Linie Kieler – alteingesessene und neu hinzugezogene. Aber auch Stadteroberer, ehemalige Bewohner oder einfach nur Interessierte aus ganz Deutschland und Europa. Mehr und mehr Menschen trugen zu dem schnellen Erfolg von Förde Fräulein bei und ließen das Projekt immer weiter wachsen. So weit wachsen, dass ihr jetzt sogar ein Förde-Fräulein-Buch in den Händen haltet.

In diesem liebevoll gestalteten Bildband möchte ich meine gesammelten Kieler Geheimtipps mit euch teilen. Ich möchte euch an die Hand nehmen und überall dorthin mitnehmen, wo die Stadt am zauberhaftesten und kreativsten für mich ist. Vorgestellt werden die kleinen inhabergeführten Geschäfte, hinter welchen meist nicht weniger als eine ganz große Geschichte steht. Begleitet mich auf einem kunterbunten Bummel durch meine Heimatstadt. Angefangen mit einem Abstecher in meine liebsten Bars und Cafés über das Stöbern durch die außergewöhnlichsten Blumenläden bis hin zum Entdecken von aktuellen Inneneinrichtungstrends. Aber auch interessante Designer und Künstler warten auf euch. Erkundet mit mir zusammen die wirklich besonderen Ecken der Stadt und lasst euch von ihr verzaubern.

Auf dieser kleinen Reise wünsche ich euch eine wundervolle Zeit!

Eure Merle Primke

Merle Primke

Inhalt

Bars & Cafés

Restaurants

Stöbern & Schenken

Blumiges

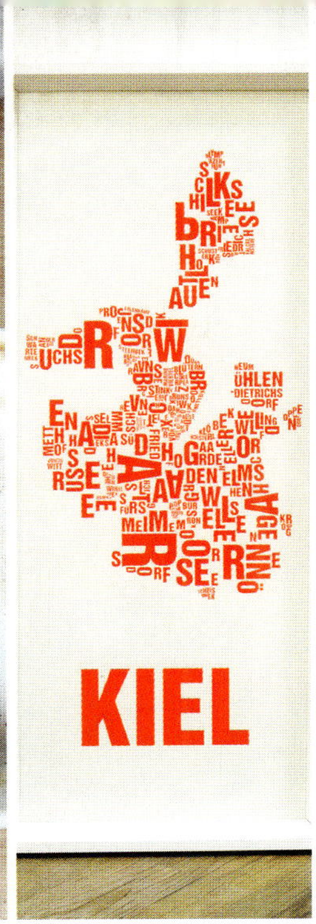

Begleite mich auf meiner Entdeckungstour durch die schöne Fördestadt!

PILSENER BEER
BECK & Co.
ALOHA
surfsoda
ALOH
mango-lime
100%
NATURAL

Bars & Cafés

Blücherplatz 15
24105 Kiel

Blé Noir

Eine typisch französische Crêperie direkt am Blücherplatz

Beim Betreten des Blé Noir habe ich direkt das Bedürfnis nach warmen Croissants und Appetit auf zuckrige Zimt-Crêpes. Aus der angrenzenden Küche steigt ein verführerischer Duft nach genau diesen Leckereien in die Luft und schlängelt sich über die rustikalen Holztischchen. Mit blau-weiß karierten Decken überworfen, stehen diese überall offen im Raum verteilt. Sie warten auf platznehmende Gäste, welche sich hier täglich so zahlreich tummeln. Jeder Tisch ist geschmückt mit frischen Tulpen. Ab und zu mischt sich ein bunter Stuhl unter das viele dunkle Holz, und hinter dem großen, gläsernen Tresen werkeln fleißige Kellner. Von meinem Platz am Fenster kann man herrlich beobachten, wie eine frische Gemüsetarte angeschnitten wird, sich ein neuer Apfelkuchen in der Vitrine einreiht oder die Mitarbeiter dampfenden Kaffee aufbrühen.

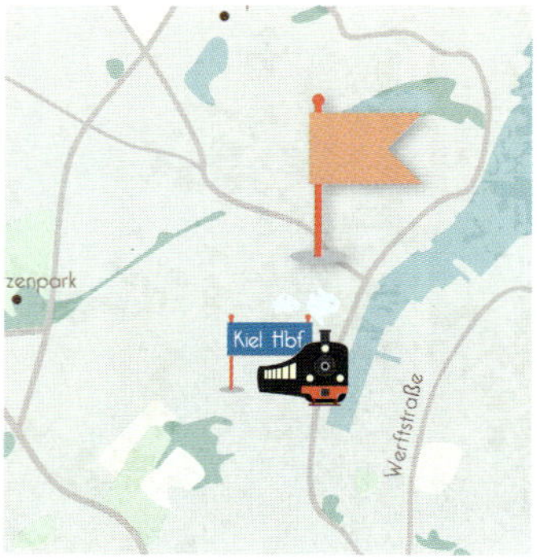

Ziegelteich 14
24103 Kiel

Exlex

Studentischer Szenetreff mit Milchschaum-Bergen

Die urige Café-Musik-Bar am Ziegelteich gehört längst zu den Lieblingsadressen vieler Kieler – bevorzugt Studenten. Vielleicht liegt diese Tatsache daran, dass sich der wahrscheinlich beste Chai Latte der Stadt herumgesprochen hat. Oder daran, dass das ungezwungene tolerante Ambiente die Menschen hier irgendwie ein Stückchen näher zusammenrücken lässt. Oder vielleicht doch einfach an der Gewissheit, hier auf ein Komplettpaket von qualitativem Anspruch zu treffen – seien es die im Hintergrund laufenden Songs, die Barista-geschulten Mitarbeiter oder die guten Gespräche zwischen den Gästen. Das Exlex ist bunt, hip und laut. Am Tresen treffen sich Freunde bei italienischem Kaffee. In einer ruhigen Ecke sehe ich eine Frau an ihrem Laptop arbeiten, um eines der Tischchen sitzt eine kleine Frühstücksrunde. Die Leute hier haben Zeit mitgebracht, die Hektik vor der Tür gelassen. Dennoch schwirren im Raum Wörter angeregter Gespräche umher. Man hört den Kaffeeautomaten blubbern und lauscht aktuellen Folk-Songs, die aus den Lautsprechern an der Decke erklingen.

Bei meinem Besuch probiere ich die Spezialität des Hauses: herrlich nach Zimt und Honig duftender Chai Latte mit einem Berg an Milchschaum.

Regelmäßig finden Akustik-Konzerte und Lesungen statt.

FISCHBAR

Reventlouwiese
Kiellinie
24105 Kiel

Fischbar

Eine kreative und zugleich köstliche Kieler Innovation

Fast ein bisschen wie angespült wirkt die kleine Fischbar mit ihrer dunklen Treibholz-Verkleidung auf mich. Direkt am Förde-Ufer platziert, reiht sie sich perfekt in die Atmosphäre aus Wasser, Wind und salziger Seeluft ein. Als ich mich hier mit den Betreibern Philipp und Daniel treffe, sitzen in den Strandkörben vor der Fischbar wie üblich zahlreiche Menschen. Über ihren Köpfen kreisen Möwen. Eben ein echtes Stück Kiel. Die beiden stürzten sich in all das, was dem jungen Kiel bis zur Fischbar-Eröffnung vor ein paar Jahren oftmals fehlte: gelungene Abwechslung, ein unkomplizierter Szene-Treff und regionale Köstlichkeiten von hoher Qualität. Fish & Chips mit dicken Pommes und selbstgemachter Remoulade. Aber auch Fischfrikadelle im Brötchen oder Softeis mit Apfelgeschmack. Auf www.myfischbar.de findet ihr weitere Eindrücke!

Philipp und Daniel
erreicht ihr unter
0160/ 97 02 43 50

Holt euch ein Fischbrötchen, setzt euch ans Wasser und schaut den Kreuzfahrtschiffen beim Ein- und Ausfahren zu.

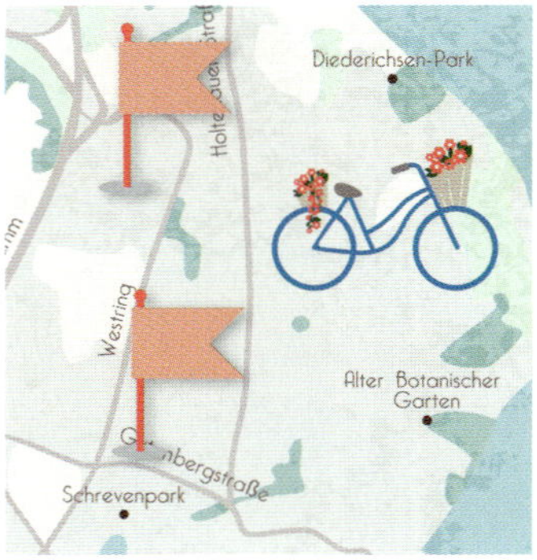

Fraunhoferstr. 13
24118 Kiel

Hansastr. 2
24118 Kiel

Kooperativa

Guter Fair-Trade-Kaffee und köstliche Bagels warten auf dich

Bei Kooperativa gibt es die vielleicht köstlichsten Bagels der ganzen Stadt. Hier werden die Teigringe noch mehrfach die Woche fleißig selbstgebacken und mit reichlich gesunden Zutaten belegt. Frischer Salat, Paprikascheiben, Oliven, Käse vom Wochenmarkt, Putenbrust, Frischkäse – hier ist für jeden Geschmack etwas dabei. Und da die Bagels nicht nur gesund, sondern dabei auch noch äußerst reichhaltig belegt sind, wird man von diesen sogar richtig satt. Aber nicht nur mit leckeren Teigwaren kann Kooperativa auftrumpfen. Auch der hier frisch aufgebrühte Fair-Trade-Kaffee zählt zu meinen absoluten Favoriten. Bestreut mit reichlich Schokopulver und Zimt lasse ich mir diesen sehr gerne zum Mitnehmen geben, wenn ich am Wochenende eine Runde durch den Park spaziere.

Das legendäre Glücksrad hat schon so manche Tasse Tee springen lassen.

Sophienblatt 20
24103 Kiel

Monkey Donuts

Saftige Teigringe mit Zuckerguss in Regenbogenfarben

Monkey Donuts ist ein kunterbuntes Paradies für alle Naschkatzen. Ich fühle mich in Regina-Regenbogen-Welten aus meiner Kindheit versetzt. Gleichzeitig scheine ich mich in einem amerikanischen Traum zu befinden. Beim Anblick der gigantischen Donut-Auswahl kommen mir sofort bullige Sheriffs mit Sternbroschen auf der Brust in den Sinn. Den Donut in der einen, den dampfenden Kaffee in der anderen Hand. Mich persönlich sehe ich mit einer der bunten Schachteln fröhlich auf der Couch und vor einem guten Film sitzen. Ein richtiger Donut-Laden, genau das hatte Kiel noch gefehlt. Alle Regenbogenfarben sind hier in den unterschiedlichsten Ausführungen vertreten. In Form von klebrigem Zuckerguss, Liebesperlen und Streuseln springen mich die kleinen Verführungen quasi an.

Meine Favoriten: Apple Crunch und Sprinkles!

Lass dir eines der bunten Monkey-Donuts-Päckchen zusammenstellen, schnapp dir einen guten Freund und zaubere dir einen gemütlichen Samstagabend auf dem Sofa!

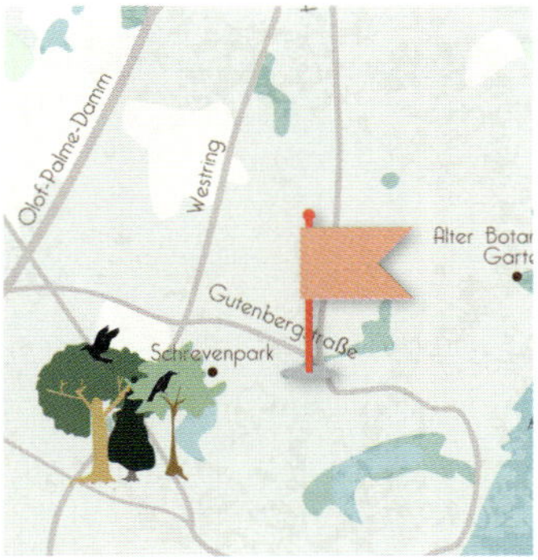

Jägersberg 5
24103 Kiel

Nähcafé

Erlebe inspirierende Gespräche zwischen Kaffee und Garn

Das Ambiente im Nähcafé ist wohnlich und familiär. Ich sichte bequeme Sessel und alte Stühle. Auf kleinen Hockern liegen diverse Modezeitschriften und Bücher aus. Sie dienen zur Inspiration bei einer Tasse leckerem Kaffee. Auf der anderen Seite des Raumes befinden sich die unterschiedlichsten Nähmaschinen. Außerdem ein großer Tisch zum Zuschneiden von Stoffen und eine große Bügelstation. Die umliegenden Regale sind mit Garn in allen erdenklichen Farben des Regenbogens befüllt. Diese originelle Mischung aus Café und Werkstatt bietet in erster Linie die Möglichkeit, sich für wenig Geld eine der Nähmaschinen zu mieten. Endlich die korrekte Anfertigung einer Naht erlernen und sich kreativ austoben – aus diesen Gründen zieht es täglich die unterschiedlichsten Menschen an diesen ganz besonderen Kieler Ort.

Regelmäßig werden lehrreiche Häkel- und Nähkurse angeboten.

Holtenauer Str. 47
24105 Kiel

Peaberries

Besuche ein charmantes kleines Paradies für Kaffeeliebhaber

Das Peaberries ist von der Größe her zwar überschaubar, dafür aber auch ganz besonders niedlich und wohnlich. Es gibt viele gemütliche Sitzgelegenheiten und sogar eine kleine Rückzugsecke. In diese kuschelt man sich dann zwischen Kissen aus alten Kaffeesäcken. Das Besondere am Peaberries ist für mich, dass die ausgewählten Kaffeebohnen hier jeden Tag vor Ort frisch geröstet und gemahlen werden. Und für alle, die den Kaffee hier genauso lecker finden wie ich, besteht sogar die Möglichkeit, sich das braune Pulver direkt abfüllen und mit nach Hause geben zu lassen. Auch an einer kleinen Naschbar mit vielen Leckereien aus der Kindheit kann man sich im Peaberries bedienen. Daumen hoch dafür!

peaberries
KAFFEE

marsh

peaberries
KAFFEE
Latte
& Bagel
4,- €

Phollkomplex
Suppen
> Gulasch-Suppe 4,50 €
* VEGANE ERDNUSS-SÜSSKARTOFFEL-TOMATEN SUPPE 3,50 €
Burger mit oder ohne Käse.
I ♡ USCHI-Brötchen.
Pfannkuchen.
Camenbert mit Salat.
Nudelsalat - vegan.
belegte vegane Brötchen.

Brunswiker Str. 52
24105 Kiel

Phollkomplex

Hamburger Schanzenviertel-Flair am Dreiecksplatz

Ab und zu finden spontane Open-Stage-Konzerte statt.

Rockig und persönlich wie ein Szene-Stübchen im Hamburger Schanzenviertel – das ist mein erster Eindruck, als ich das Café Phollkomplex betrete. Direkt sichte ich viele urige Möbel und Sitzecken. In dem schummrigen Licht wirkt alles ganz besonders wohnlich und gemütlich. Fast ein bisschen, als ob man nach Hause kommen würde. Und genau den Eindruck machen auch die restlichen Gäste auf mich. Entspannt lümmeln diese in den bequemen Sesseln. In der Hand ein Bierchen, ein Stück Kuchen oder ein Schälchen Gulasch-Suppe. Hier wird noch alles ganz frisch selbstgemacht. Leckere Burger, Pfannkuchen oder belegte Brötchen. Vom Frühstück bis hin zum abendlichen Cocktail – im Phollkomplex wird das volle Programm aufgefahren. Und auch ich könnte mich hier problemlos den gesamten Tag aufhalten.

NATUR

All die urigen Möbelstücke im Phollkomplex sind käuflich zu erwerben.

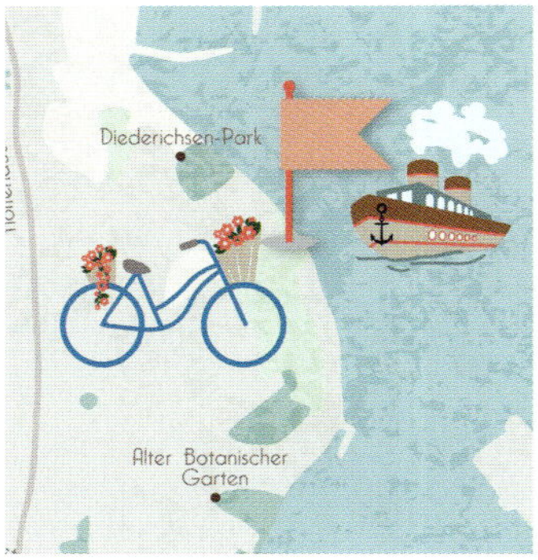

Hindenburgufer 100
Kiellinie
24105 Kiel

Seebar

Genieße fruchtige Cocktails und saftige Burger auf der Förde

Eine Mischung aus rauem Brighton und den weißen Stränden in Florida – das ist mein erster Eindruck von der Seebar. Auf dem hölzernen Steg ragen kleine Bademeister-Häuschen empor, in jeder Ecke stehen Palmen, ein pinker Liegestuhl reiht sich an den anderen. Wenn ich es nicht besser wüsste und mir kein frischer Kieler Wind um die Nase wehen würde, dann könnte das hier tatsächlich auch die Karibik sein. Das totale Urlaubsgefühl wird noch verstärkt durch das riesige Angebot an frischen Salaten, Burgern, leckeren Weinen und Aloha-Limonade. Ich entdecke bunte Surfbretter, kleine hawaiianische Hula-Püppchen und Strandkörbe mit direktem Blick auf das Wasser. Von der Seebar aus kann man sogar eine Runde in der Förde schwimmen oder eine Tour mit den hauseigenen Stand Up Paddle Boards machen – wenn das nicht nach Erholung direkt vor der Haustür klingt.

Auch After-Work-Partys und Hochzeitsfeiern kann man hier zelebrieren.

Regelmäßig finden Unplugged-Konzerte sowie Grill & Chill BBQ's statt.

KAFFEE ZEIT

Scharnhorststr. 2
24103 Kiel

Zimt & Zucker und Haris Eisbar

Genieße französisches Flair am Blücherplatz

Bei Zimt & Zucker wirkt alles sehr familiär. So als ob man in einem gemütlichen Dörfchen gelandet ist – mitten in der Stadt. Rustikale Holzmöbel, Bonbongläser und Vasen, gefüllt mit Wildblumen. An der Wand dann aber wieder moderne Bilder, von der Decke baumelt ein eleganter Kronleuchter. Ich mag diesen Kontrast. Angeboten werden einem hier beispielsweise erfrischende Rhabarberschorle oder Apfelmus-Crêpes. Serviert wird das Ganze auf verspieltem Geschirr. Vor dem kleinen Café kann man herrlich in der Sonne sitzen und dabei einen Cappuccino genießen. Auch frühstücken funktioniert bei Zimt & Zucker ganz wunderbar. Außerdem gibt es französische und italienische Köstlichkeiten wie Eclairs, Panini oder Galetten zum Probieren.

Zu dem Geschäft gehört übrigens auch noch ein niedlicher Eisladen.

Taucht ein in einen
beschaulichen Ort –
vollgepackt mit den kleinen
Freuden des Alltags.

Restaurants

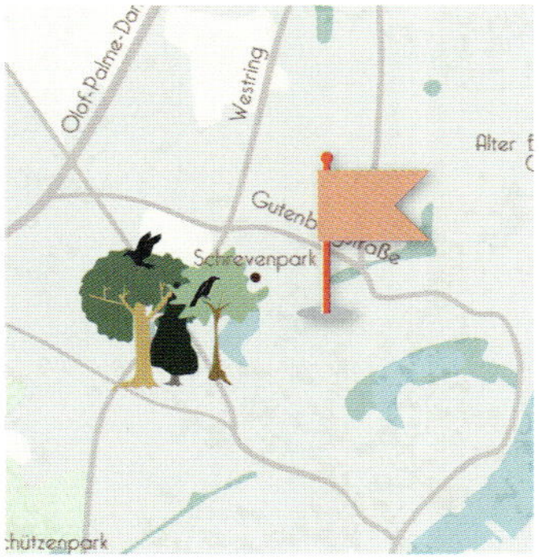

Legienstr. 40
24103 Kiel

DIE VILLA

Ein innovatives Restaurant-Konzept mit Stammgast-Potential

Von Tischen aus Stahlträgern über bunte Glühbirnenkabel-Konstruktionen an der Altbaudecke bis hin zu der aufwändig gestalteten Theke – in der VILLA ist fast alles selbstgemacht. Den wohl beeindruckendsten Anblick bietet die stylische Be-Amazing-Bar. Hier gibt es in erster Linie trendige Gin-Tonic-Drinks zu entdecken. DIE VILLA begeistert durch ein innovatives Restaurant- und Bar-Konzept, wie ich es nur aus Großstädten kenne. So werden beispielsweise die typischen spanischen Tapas neu interpretiert. Neben Klassikern à la Papas con mojos werden einem hier unter anderem auch Hähnchenspieße, rosa gebratenes Rinderfilet an Garnelenspieß auf Mango-Couscous-Salat oder gebratener Lachs in Paprika-Limetten-Sahne-Pesto geboten. Alles individuell kombinierbar. Ein inspirierender Ort mit Szene-Ambiente und Stammgast-Potential. Unbedingt vorbeischauen!

Washroom

BE AMAZING
COCKTAIL & GIN TONIC BAR

KITTY ROCK
BELLY FULL

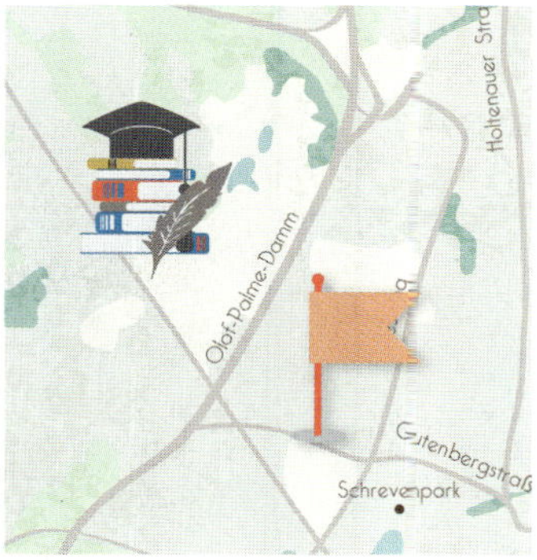

Gutenbergstr. 66
24118 Kiel

Kitty Rock Belly Full

Probiere kreative Burger-Variationen für jeden Geschmack

Egal ob ihr Veganer, Vegetarier oder Fleischesser seid – bei Kitty Rock Belly Full wird für jeden Geschmack etwas Individuelles zusammengestellt. Das mit viel Liebe ausgetüftelte Konzept von Inhaberin Kirsten stößt auf großes Interesse. Hier ist Burger nicht gleich Burger. Kontinuierlich wird über neuen Zutatenkombinationen und damit verbundenen Geschmackserlebnissen gegrübelt. So durfte ich beispielsweise den „Boah, is mir heiß"-Burger probieren – eine Zusammenfügung von frischem Salat, saftigem Fleisch, Zwiebelringen und einer selbstgemachten rauchigen Käsecreme. Aber auch vegetarische Burger, wie „Himmlischer Halloumi" mit Erdnuss-Sauce, gebratener Zucchini, Tomate und Salat, überzeugen eingefleischte Burger-Liebhaber.

Von Bio-Fleisch-Pattys über die Burger-Brötchen bis hin zu den Saucen: Alles ist frisch und von Hand gemacht.

DRiNKS

SOFTIES

Hermann Brause
(allet in 0,33 l):
Erdbeer-Rhabarber 2,70 €
Melone-Limette 2,70 €
Zitrone 2,70 €
Apfel-Kirsch 2,70 €
Orange 2,70 €
Kola 2,70 €
Kola-Lakritz 2,70 €

Lemonaid & Charitea
(allet in 0,33 l)
Lemonaid Limette 3,00 €
Lemonaid Maracuja 3,00 €
Charitea „Mate" 3,00 €

Wostock
(allet in 0,33 l)
Tannenwald
Granatapfel-Dattel
Estragon-Ingwer

Sinalco
Cola, Orange o. Zitrone
0,3 l
0,4 l

Le Roc
(allet in 0,2 l und vegan)
Ginger Ale
Tonic Water
Bitter Lemon

BIE

Vom Fass:		
Astra Urtyp	0,3 l	2,20 €
	0,4 l	2,80 €
Alsterwasser	0,3 l	2,20 €
	0,4 l	2,80 €
Carlsberg	0,3 l	2,40 €
	0,4 l	3,00 €
Brodersen: Alster + Gin (haut rein!)	0,4 l	3,80 €

Flaschenbier:
Astra Urtyp 0,33
Holsten Pilsener 0,33
Holsten alkoholfrei 0,33
Carlsberg 0,33
Erdinger 0,5
naturtrüb -
dunkel -
alkoholfrei -
Urstrom -Biopils- 0,33

FUTTER

Burger:

Unsere Burger werden mit echtem, auf Lavastein gegrillten Bio-Rindfleisch, lecker Kieler Brötchen, hausgemachten Saucen und einer großen Portion Liebe zubereitet!

Kitty Cheese 4,90 €
Burgersauce[2,6], Mayo[2], Tomate, Gurke, rote Zwiebeln, Cheddar[1,5] und Salat

Kitty Bacon 7,30 €
Kittys Spezial-Sauce[2,6], Bio-Bacon, Spiegelei, Sahnekraut, Tomate, Röstzwiebeln, Cheddar[1,5] und Salat

Red Kitty Bacon 7,30 €
Kittys Spezial-Sauce[2,6], Bio-Bacon, Rote-Bete-Chips, Spiegelei, Tomate, gebratene Zwiebeln, Cheddar[1,5], Salat

Kitty Rockin' Hot 6,50 €
Sweet-Chili-Sauce, türkische Dolmar - Paprika, Cheddar[1,5] und kross gebackene Reisnudeln

Boah, is mir heiß - Burger 6,90 €
Rauchige Käsecreme[1,2,9], Onion Rings[1], Tomate, Gurke, Cheddar[1,5] und Salat

BBQ - Burger 8,90 €
In hausgemachter BBQ-Sauce glasiertes Bio-Rindfleisch, Bio-Bacon, marinierte gebratene Zwiebeln, geröstete Erdnüsse, Rote-Bete-Chips, Tomate und Salat

Double Cheese Bomb 8,90 €
Doppelt Bulette - gefüllt und umhüllt mit Cheddar[1,5], Burgersauce[2,6], Mayo[1], Tomate, Gurke, Röstzwiebeln, Salat

Alle Burger mit Bulette und Krautsalatbeilage[3]!

Für die Gemütlichkeit werden auf jedem Tisch, auf den Fensterbänken und auf dem Tresen Kerzen angezündet, die den Laden in ein warmes orangenes Licht tauchen.

Der Laden ist heiß begehrt – am besten einen Tisch reservieren: (0431) 53 03 35 96.

Knooper Weg 75
24116 Kiel

mmhio

Genieße eine grüne Pause gegenüber der Muthesius

Das mmhio verkörpert ein in Kiel komplett neues Mensa-Konzept, bei welchem ausschließlich Bio-Lebensmittel verwendet werden und komplett vegetarisch, teilweise sogar auch vegan, gekocht wird. Durch die täglich variierenden Zutaten ist dies aber alles andere als langweilig. So durfte ich ein herrliches selbstgemachtes Kartoffelpüree mit einer interessanten Zitronensauce-Kombination an glasierten Möhrchen probieren. Neben den gesunden Mahlzeiten werden auch frisches Obst oder Müsliriegel zu fairen Preisen angeboten. Zudem gibt es eine große Gemüsebar, an welcher ihr euch den Salat selbst zusammenstellen könnt. Ich muss sagen, wirklich schwer vom mmhio angetan zu sein. Mich hat die Mensa der etwas anderen Art eher an ein lässiges Restaurant als an eine Hochschulkantine erinnert.

Das mmhio-Team möchte einen neuen Impuls im Bereich vegetarischer, biologisch einwandfreier Ernährung setzen.

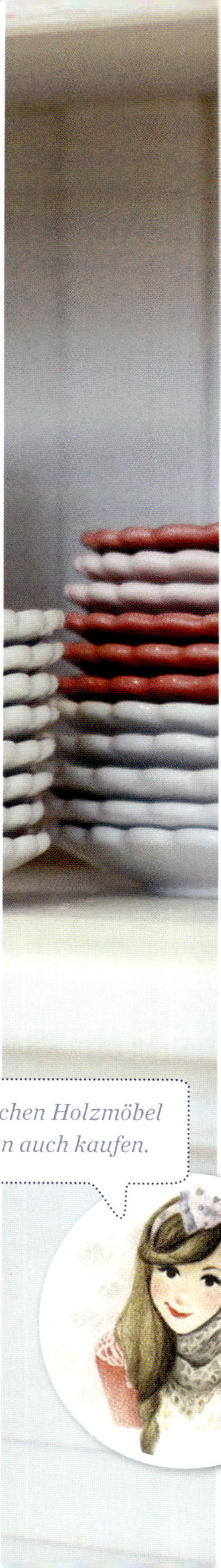

Die niedlichen Holzmöbel kann man auch kaufen.

Jeder kann von Montag bis Freitag zwischen 12 und 14.30 Uhr herkommen und eines der täglich wechselnden Gerichte probieren.

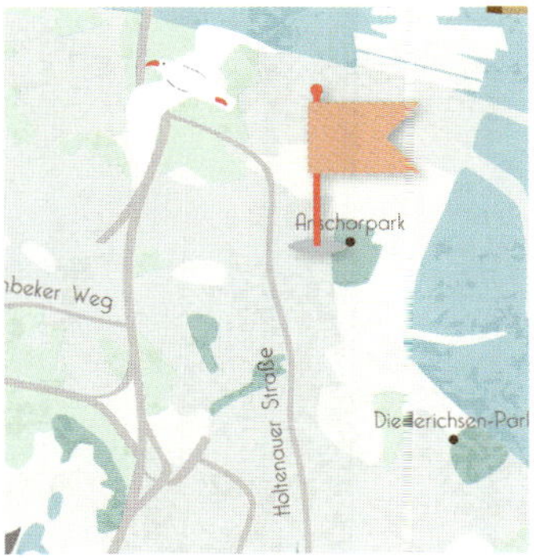

Knorrstr. 28
24106 Kiel

Pastis

Gönn dir Geschmacksexplosionen in stylischem Ambiente

Hervorragende Qualität, komplett frische Zutaten und einzigartige Geschmackserlebnisse – das bedeutet dieser Ort für mich. Hinzu kommt die stilvolle Einrichtung, welche mich direkt an eine kubanische Bar in Havanna erinnert hat. Hier ist einfach alles perfekt aufeinander abgestimmt. Extravagant angerichtet, bekommt man im Pastis rohe Köstlichkeiten von Rind und Fisch oder schmackhafte Tuna-Filets, norwegische Lachsfilets sowie Gambas Pastis aufgetischt. Außerdem stehen beste Steaks vom hochwertigen Lava-Grill auf der Karte. Und für alle, die es rustikaler mögen, gibt es dann ja auch noch die unglaublich leckeren Burger oder andere entspannte Leckereien wie Fish and Chips und halbe Hähnchen. Nur eben als so noch nicht gekanntes Geschmackserlebnis!

CHAMPAG
TAITTIN

Probiert habe ich einen klassischen Homestyle-Burger mit hausgemachter BBQ-Sauce und Pommes. Dazu gab es Coleslaw, einen Krautsalat.

Knooper Weg 2
24103 Kiel

Pastis Soupbar

Täglich wechselnde Suppenvariationen zum Neuentdecken

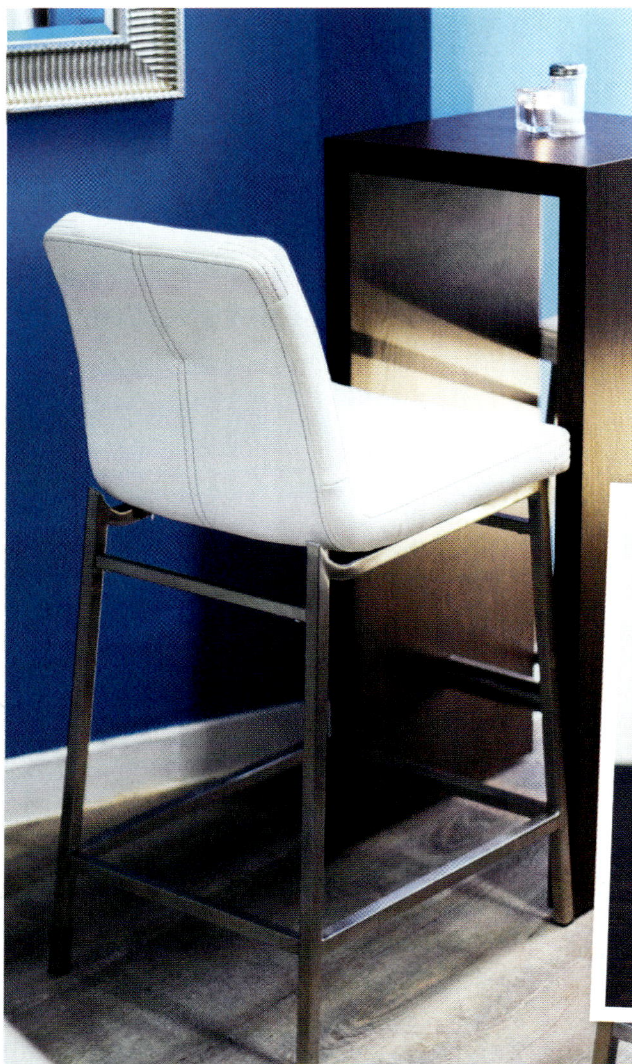

Trotz ihrer kleinen Größe ist die Soupbar am Exerzierplatz kaum zu übersehen. Die in kräftigem Azurblau gestrichenen Wände strahlen mir bereits durch die verglaste Außenfront entgegen. Beim Öffnen der Tür steigt mir der Duft von orientalischen Gewürzen und frisch geschnittenem Basilikum in die Nase. Zum Verweilen laden ein paar bequeme Sitzmöglichkeiten und schmale Tischchen ein. Bei meinem Besuch durfte ich die thailändische Tom-Ka-Gai-Suppe probieren. Eine herrliche Zusammenführung von frischem Zitronengras, Kokosmilch, Pilzen, Paprika und zartem Hähnchenfleisch. In täglich wechselnden Variationen gibt es in der Soupbar vegetarische Suppe, vegane Suppe und Suppe mit Fleisch. Jeden Morgen frisch im Pastis-Restaurant von Spitzenköchen zubereitet.

Frische und kreativ ausgesuchte Zutaten – zu einem Preis, den sich auch Studenten leisten können.

Düppelstr. 60
24105 Kiel

QUAM

Ein Kultrestaurant bittet zu Tisch

Heiratsantrag machen oder einfach nur Spaghetti essen – im QUAM geht definitiv beides ausgesprochen gut. Das dachte sich auch Gastronom Peter Schirren und hat hier vor einigen Jahren um die Hand seiner Frau angehalten. An einem kleinen romantischen Ecktisch, der noch immer an genau derselben Stelle steht. Heute leitet er das Restaurant, das nicht nur durch seine eigene Geschichte an Persönlichkeit gewinnt. Ich erfahre, dass die Geburtsstunde des QUAM in der Nachkriegszeit der 50er Jahre liegt. Damals noch der Wohnsitz einer rüstigen Dame, versorgte diese in ihren vier Wänden Studenten mit warmen Mahlzeiten. Noch heute spiegelt das QUAM mit stuckverzierten Decken und knarzenden Dielen den Charme dieser Altbauwohnung wider.

Aus der Küche duftet es
nach italienischen
Köstlichkeiten - nach roter
Tomatensauce
und frischem Basilikum.

Gekocht wird nach italienischen Originalrezepten. Alles frisch, alles selbstgemacht.

Mit einer Verabredung im QUAM macht Mann Eindruck.

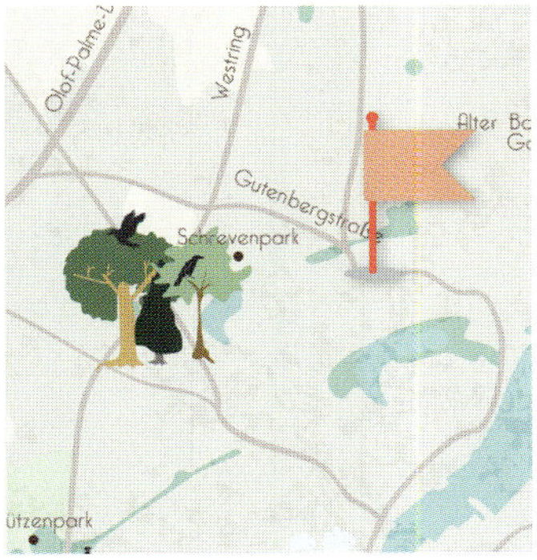

Dreiecksplatz 9
24103 Kiel

YUMMY!

Tauche ab in eine köstliche Sushi-Welt mit Szene-Atmosphäre

Im YUMMY! kann man sich von den verschiedensten Sushi-Variationen, aber auch von allerlei Gebratenem und Frittiertem kulinarisch verwöhnen lassen. So gibt es beispielsweise knuspriges Entenfleisch, köstliche Wan Tans oder in Ingwer-Chili-Öl getunkte Garnelenspieße. Besonders lecker finde ich auch die abwechslungsreichen Algensalate und Nudelgerichte. Eigens vom Chefkoch ausgesuchter Fisch in Premium-Qualität vom Hamburger Fischmarkt, faire Preise und eine moderne Szene-Atmosphäre ziehen vor allem junge Leute hierher. Von der Inhaberin erfahre ich, dass sie ihr kleines Restaurant vor ein paar Jahren in dieser Absicht gegründet hat. Das YUMMY! sollte etwas ganz Besonderes werden, sich von anderen Lokalitäten abheben. Wie ich finde, ist genau das auch gelungen.

Das Essen kann man auch zum Mitnehmen bekommen.

福

Das tägliche All You Can Eat ist ein echtes Highlight!

Wenn ich herkomme, dann habe ich eher das Gefühl, in einem umschwärmten Restaurant in der Großstadt als am Dreiecksplatz in Kiel zu sitzen.

Glück
www.feine-bi
026
0711902
www.feine-billetterie.de

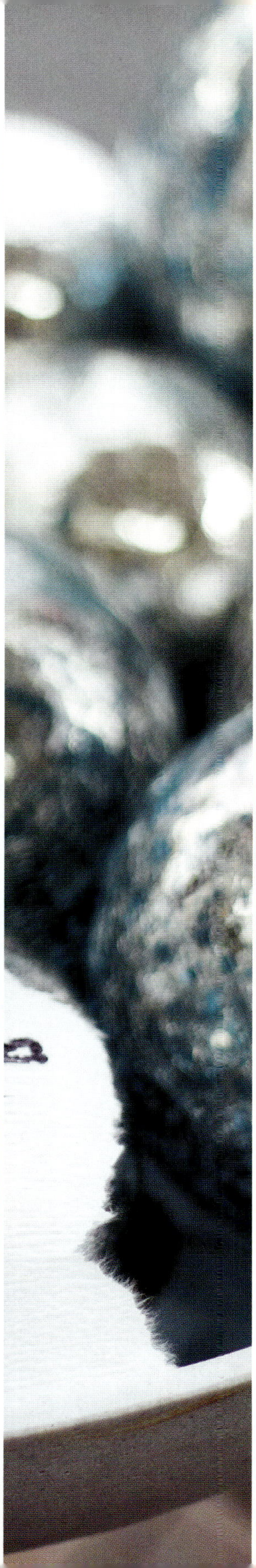

Stöbern & Schenken

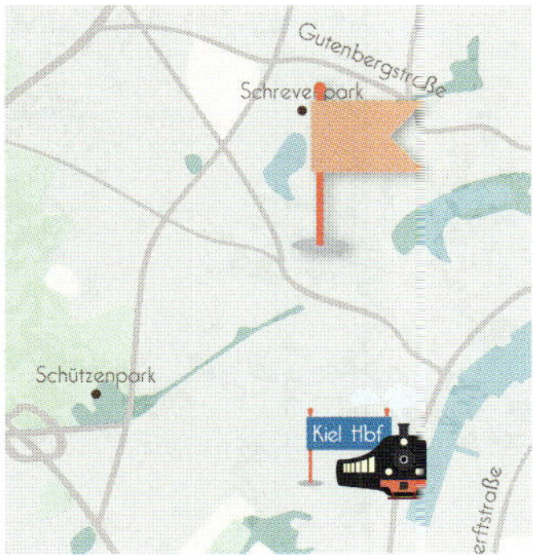

Möllingstr. 20
24103 Kiel

Carl Gustaf

Komm mit auf eine Reise von Bullerbü bis ins Mumintal

Auch ohne diagnostiziertes Bullerbü-Syndrom kann man sich bei Carl Gustaf – dem Schwedenladen meines Vertrauens – mit leuchtenden Augen durch die engen Wege schlängeln. Vorbei an mit herrlichen Dingen vollgepackten Regalen und hübsch dekorierten Tischchen. Aus jeder Ecke lugen Erinnerungen hervor. Schwedische Kinderbücher à la Lotta aus der Krachmacherstraße, Karlsson vom Dach, Madita. Bei meinem Besuch erfahre ich von der Inhaberin, dass der Familienbetrieb Carl Gustaf nun seit mehr als 30 Jahren in der Möllingstraße beheimatet ist. So oft es nur geht, zieht es die Halb-Schwedin aber auch noch heute in ihr Heimatland. Von hier bringt sie all die wundervollen Produkte mit, die ihren Laden schmücken und so einzigartig machen. Produkte aus echten schwedischen Geschäften. Aus kleinen versteckten Örtchen und von original schwedischen Kunsthandwerkern.

Die nilpferdartigen Mumins waren die Helden meiner Kindheit!

Prima zum Lernen: die original schwedischen Bücher.

Bei Carl Gustaf findet man auch Produkte aus Finnland oder von unseren lieben Nachbarn, den Dänen.

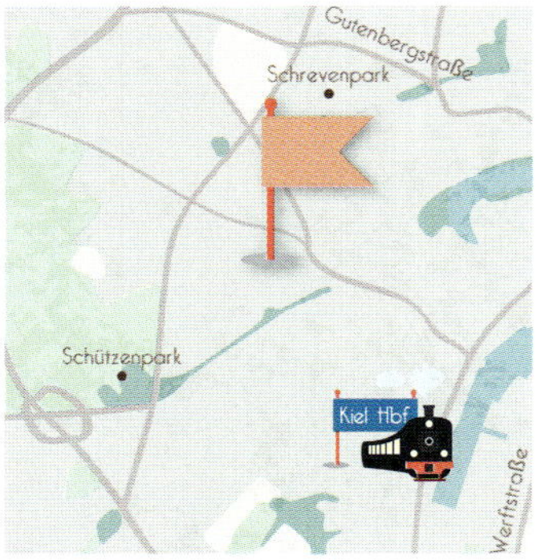

Hasselldieksdammer Weg 12a
24116 Kiel

Galerie Laden Seepferdchen

Selbstgemachte Kleinigkeiten von und für Kieler

Zwischen den vielen bunten Kleinigkeiten im Galerie Laden Seepferdchen verstecken sich richtige Schätze. Alles ist sorgfältig ausgedacht und von Hand gemacht. Da stößt man schon mal auf eine kreativ zur Lampe umfunktionierte Gemüsereibe, Scherenhalter in Form von Zebras oder aus Büchern gebastelte Garderoben. Außergewöhnliche Produkte von Kielern für Kieler – das ist das Motto der Galerie-Betreiber. Vor ein paar Jahren durch einen Zufall zusammengeführt, bieten hier die unterschiedlichsten lokalen Künstler ihre selbstgemachten Produkte zum Verkauf an. Ich fühle mich, als ob ich durch den DaWanda-Shop stöbere. Nur in real, zum Anfassen und direkt vor der Haustür.

Der Galerie Laden Seepferdchen: ein besonderer Ort mit Kiel-Bezug, der es verdient, unterstützt zu werden.

Ich bin unwiderstehlich.
Jeden

Holtenauer Str. 30
24105 Kiel

Kaufrausch

Ein Sammelsurium aus kunterbunten Kleinigkeiten

Bei Kaufrausch findet man auch viele Kinder-Produkte.

Auf der Suche nach einer besonderen Geschenkidee ist das kleine Geschäft Kaufrausch sicher für viele eine der ersten Anlaufstellen. Dabei möchte man die meisten Dinge am liebsten selbst behalten, bei sich in der Wohnung platzieren oder mit sich herumtragen. Jedes Mal wenn ich hierherkomme, um ein wenig durch den Laden zu stöbern, entdecke ich so viele zauberhafte Kleinigkeiten. Verschnörkelte Notizbücher, elegantes Geschirr, buntes Masking-Tape. Das liebevoll ausgesuchte Sortiment beinhaltet Produkte von den verschiedensten Künstlern und Designern. Trotzdem wirkt alles sehr harmonisch und perfekt aufeinander abgestimmt.

Petras Leidenschaft sind besondere Objekte aus aller Welt.

Love
Love
FROHE WEIHNACHTEN

In der Retro-Ecke werden Nostalgie-Liebhaber fündig.

LIFE IS GOOD

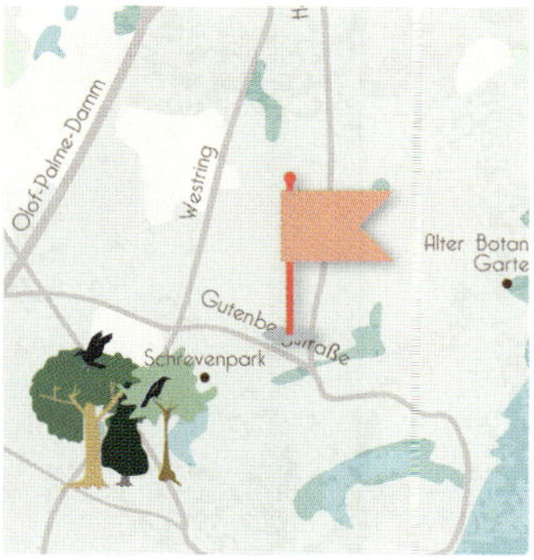

Holtenauer Str. 33
24105 Kiel

Polli Grün

Eine kunterbunte Welt für Nähfans und Bastelfreunde

Hochwertige Wolle, Retro-Stoffe und buntes Garn. Aber auch eine große Auswahl an Washi-Tape, kreativen Büchern mit Nähanleitungen oder farbenfrohen Knöpfen – all das findet man in dem zauberhaften Geschäft Polli Grün. Die prall gefüllten Regale stapeln sich bis unter die Decke, und auf den Tischen stehen diverse Behälter mit allerlei Kleinkram. Polli Grün ist ein Paradies für kreative Köpfe. Wer Anregungen sammeln möchte oder auf der Suche nach den perfekten Utensilien für das nächste Do-it-yourself-Projekt ist, der wird mit Sicherheit fündig. Und auch Nostalgie-Liebhaber kommen auf ihre Kosten. So finden sich hier jede Menge alte Foto-Postkarten, Glanzbilder und romantische Stickvorlagen. Entdecke einen jungen, modernen Laden, der Altbewährtes aufgreift und mit viel Liebe verpackt!

Polli Grün und das Nähcafé arbeiten zusammen.

Hier gibt es eine gigantische Auswahl an hochwertiger Wolle.

100%
NORDLICHT
NATÜRLICH

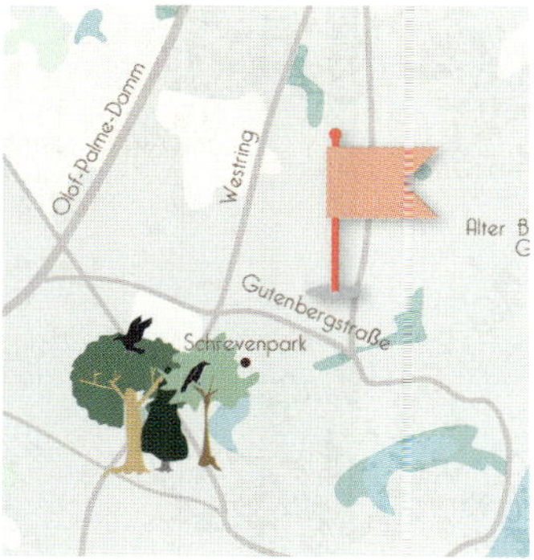

Holtenauer Str. 39
24105 Kiel

Stilfrei

Buntes und Schönes für dein Zuhause

Überall auf den Tischen sind getrocknete Rosenknospen verstreut, es liegt ein leckerer Duft nach hochwertiger Seife und Kerzen in der Luft. Zwischen all den Wohnaccessoires entdeckt man eine außergewöhnliche Kleinigkeit nach der anderen. Stilfrei ist kein wahllos zusammengewürfeltes Inneneinrichtungsgeschäft. Alles, was man hier findet, wird von besonderen Messen mitgebracht. Zwischen all den Produkten suchen die Stilfrei-Betreiberinnen akribisch und liebevoll nach etwas Passendem, picken nur das heraus, was ihnen persönlich auch wirklich gut gefällt. Ihr Laden ist ein Paradies für alle, die auf der Suche nach einer hübschen Geschenkidee sind oder sich ihr eigenes Zuhause verschönern wollen.

Modern bis nostalgisch, verspielt bis geradlinig – es gibt die verschiedensten Stilrichtungen zu entdecken.

Das Sortiment erfindet sich immer wieder neu.
3.50

Die originellen Fliesen-Aufkleber gehen weg wie warme Semmeln.

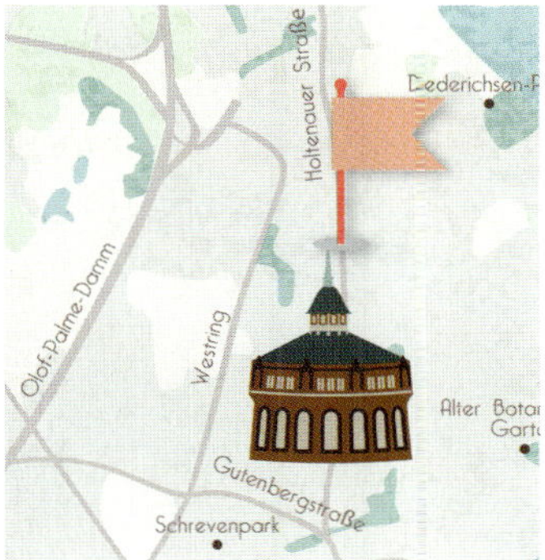

Holtenauer Str. 174
24105 Kiel

TragBar
Kaffeehaus & Design

Stöbere durch außergewöhnliche Produkte für besondere Menschen

Vom kleinen Designer bis hin zum erfolgreichen Label – in der TragBar stehen sie Seite an Seite, das macht diesen Ort so besonders für mich. In regelmäßigen Abständen besuchen die Inhaberinnen, Niki und Astrid, die größten Kreativmessen Deutschlands – immer auf der Suche nach neuen individuellen Produktideen, die sie im 50er-Jahre-Einrichtungsstil präsentieren. Vom außergewöhnlichsten Stadtplan Kiels über handgefertigte Schlüsselbretter bis hin zu maritimem Geschirr – in der TragBar stößt man auf ein liebevoll gestaltetes Paradies für Entdecker, Sammler und Schenker. Wie der Geschäftsname schon erahnen lässt, grenzen die beiden Ladenflächen an eine gemütliche Kaffeebar. Köstlicher Latte Macchiato und selbstgebackener Kuchen warten nur darauf, nach dem Bummeln von euch verspeist zu werden.

Astrid und Niki (v. li.) suchen ihre außergewöhnlichen Produkte mit viel Sorgfalt und Erfahrung aus.

KIEL

Komm wieder, Martina!
HEINRICH ROSEMANN
Ingelein das Schlingelein

Ahoi-Marie-Geschirr darf in keiner Kieler Küche fehlen.

90
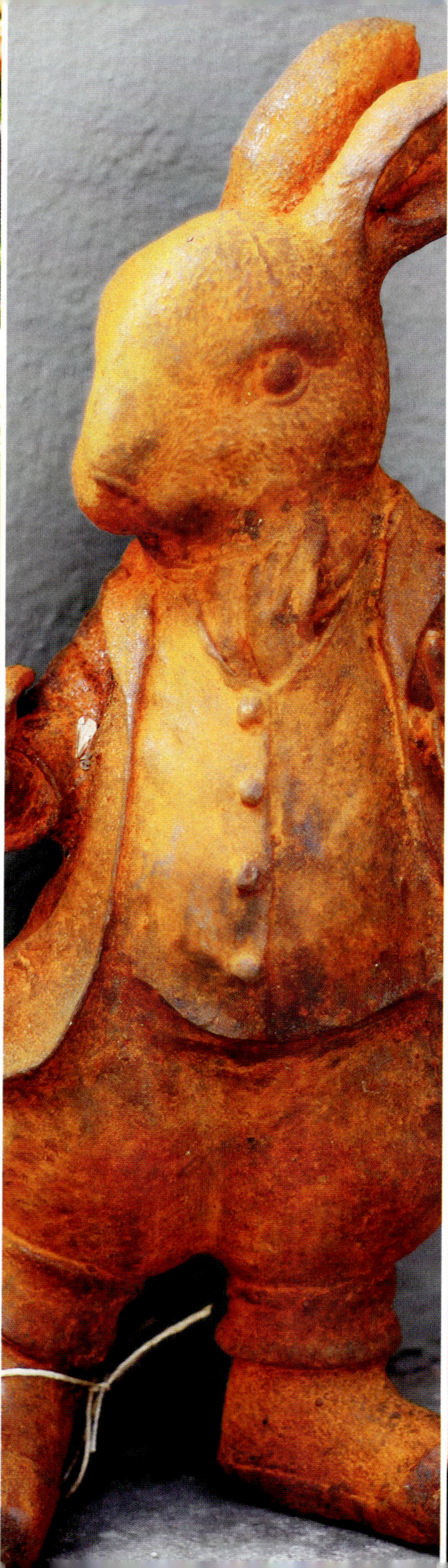
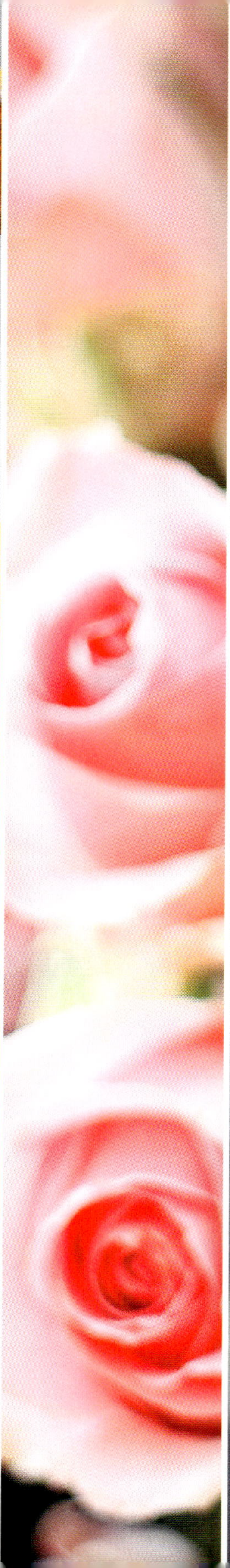

Blumiges

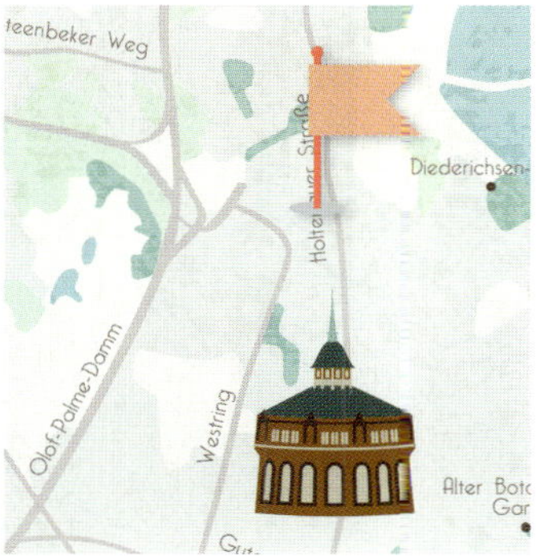

Projensdorfer Str. 8
24106 Kiel

Blütenwerke

Zauberhafte Kunstwerke aus Rosenranken und Pusteblume

Einige der Pflanzen stammen aus dem Garten von Aleksandras Mutter.

Ein bisschen wie in eine andere Welt versetzt. So fühle ich mich, als ich Blütenwerke betrete. Ich tauche ab in eine kleine, ganz eigene Welt, in welcher man die Hektik des Alltags einfach hinter sich lässt, sein Herz und seine Augen für die schönen Dinge im Leben öffnet. Blumen über Blumen schmücken den rustikalen Dielenboden. Überall dazwischen Vasen, kleine Fläschchen, Kerzenständer und andere Dekorationsartikel. Was Aleksandra und ihren Laden so sehr hervorhebt, sind ihre einzigartigen Blumenarrangements. Jedes einzelne wirkt wie eine kreative Farb- und Formenexplosion. Meterhoch aufgetürmte Rosenranken, auf dem Tisch arrangierte ausladende Blumenwiesen, aber auch graue Pusteblumen unter gigantischen Käseglocken oder eine einzelne Lilienblüte, schwimmend in einem kleinen Schälchen. Eine ganz besonders zauberhafte, fast schon magische Geschäftsidee.

Inhaberin Aleksandra Stopka wollte schon immer individuell und kreativ arbeiten.

Ganze Hochzeiten stattet Aleksandra aus, verkauft aber dennoch auch ihre ausgesuchten Kleinigkeiten für den etwas schmaleren Geldbeutel.

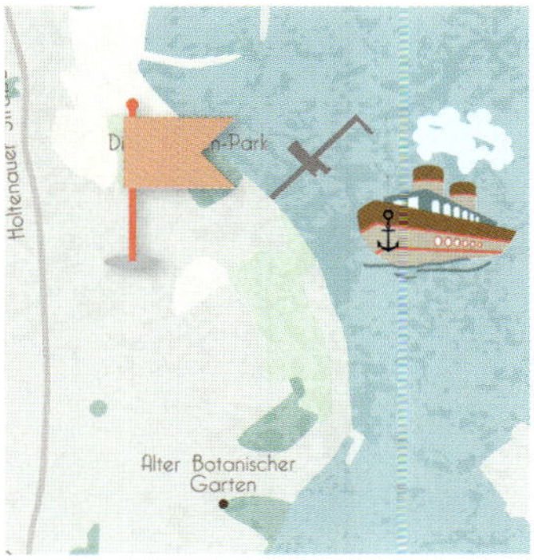

Yorckstr. 1a
24105 Kiel

Rosa Rostig

Schlendere durch einen scheinbar geheimen Märchengarten

Für mich ist Rosa Rostig eines der schönsten Geschäfte am Blücherplatz. Jedes Mal wenn ich hierherkomme, fühle ich mich in den Kinderfilm „Der geheime Garten“ versetzt. Man schlängelt sich vorbei an den rostigen Metalltischen, atmet den Duft der zahlreichen Blumensträuße und gelangt, fast wie in einem kleinen Labyrinth, von einem liebevoll gestalteten Raum in den nächsten. Märchenhafte Efeuranken, filigrane Vogelkäfige, verspielte Schatullen – all diese kleinen Details erzeugen eine ganz besondere, eine fast schon magische Stimmung. Ich fühle mich wie ein Kind an Ostern, das zwischen all den Sträuchern und herrlich duftenden Rosen einen Schatz nach dem anderen zum Vorschein bringt. Von wilden Gräsern bis hin zu wunderschönen Tulpen, ich würde am liebsten eine Wagenladung an Blumen mit in meine Wohnung nehmen.

Ein Paradies für alle Sammler und Entdecker. Schaut vorbei und lasst euch verzaubern!

Neben Blumen und nostalgischen Möbeln stößt man auf ein großes Sortiment an hübschen Tassen und Töpfen.

Knooper Weg 34
24103 Kiel

Studio Grüner Wohnen

Von Blumen übersätes Studio für Kunstbegeisterte

Kontinuierlich auf der Suche nach neuen Besonderheiten: Inhaberin Claudia.

Am Studio Grüner Wohnen fahre ich tagtäglich auf meinem Weg zur Arbeit vorbei. Oft halte ich kurz an, um einen Blick auf die mit Blumen übersäte Außenfläche des Geschäfts zu erhaschen. Eigentlich könnte man das Ganze schon fast einen kleinen Garten nennen. Ich hatte schon immer ein Faible für Blumenläden. Ich liebe die Natur und fühle mich zwischen all den Pflänzchen inmitten der Stadt einfach gut aufgehoben. Ich liebe den frischen Duft und die wunderschön drapierten Sträuße, an denen man nicht vorbeikommt, ohne sie sich wenigstens einmal bei sich zuhause auf dem Tisch vorzustellen. Dazwischen hängen kunstvolle Bilder, es gibt verschiedene Design-Artikel zu erwerben, und schicke Vintage-Möbel warten auf neue Besitzer.

Hier findet man immer wieder liebevolle Geschenkideen.

Perfekt für alle, die
mitten in der Stadt
ein Stück Natur
erleben wollen.

Tinct.
urantii

Inneneinrichtung

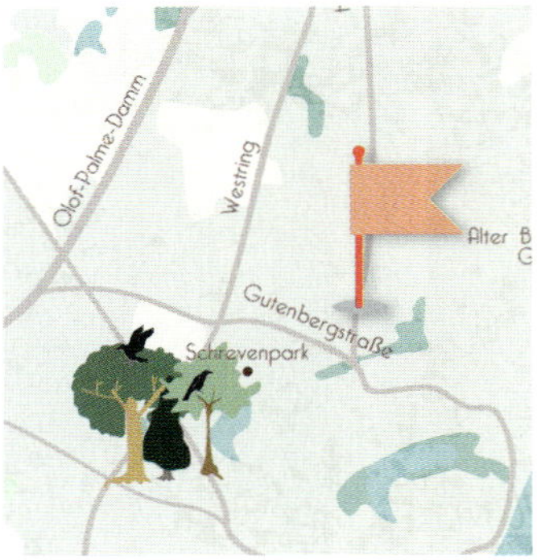

Schauenburgerstr. 38
24105 Kiel

Ella von Gruen

Eine fröhliche Puppenstube für dein Zuhause

Inhaberin Svenja hat den Laden nach ihrer Großmutter benannt.

Ella von Gruen reiht sich nun offiziell unter meine absoluten Kieler Lieblingsadressen – das war mir von der ersten Minute an klar. Beim Betreten der kleinen Souterrain-Geschäftsfläche wurde ich überflutet von jeder Menge Besonderheiten. Blumensträuße in alten Milchkännchen vor rosafarbener Tapete, bunte Kerzenhalter auf hölzernen Nierentischen, farbenfrohe Stühle neben alten Kommoden. Skandinavisches 50er-Jahre-Design wohin mein Auge auch blickte. Das musste mein ganz persönlicher Inneneinrichtungshimmel sein, keine Frage! Der Laden erinnert mich sofort an eines der stylischen Geschäfte im Kopenhagener Trendviertel Nørrebro. Zum Glück ist er aber hier bei uns in Kiel, und da darf er, wenn es nach mir geht, auch gerne bleiben.

Bei Ella von Gruen findet man Produkte von lokalen Künstlern.

Les films

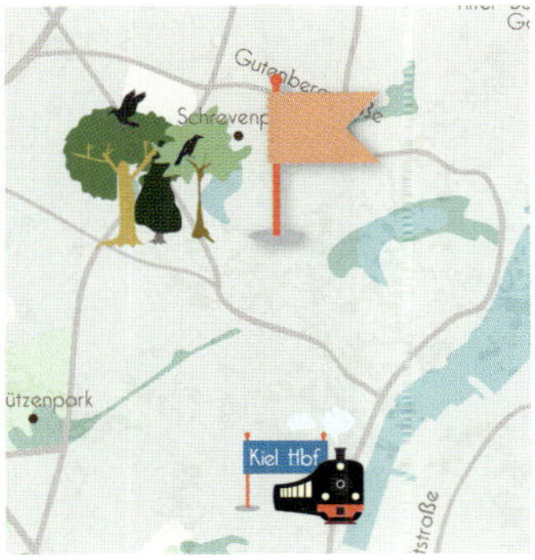

Knooper Weg 42
24103 Kiel

Hoek & Hildebrandt

Nostalgie trifft auf Kaffee und Kuchen

Der Kuchen wird jeden Morgen frisch von Jörg gebacken.

Vor den Eingangsstufen zu Hoek & Hildebrandt säumen riesige Töpfe mit bunten Blumen den Weg. Ein Blick durch das Schaufenster lässt mich direkt in Euphorie geraten. Ich entdecke diverse alte Besonderheiten – vom Stuhl über Kommoden bis hin zu altem Holzspielzeug und Leinenstoffen. Bei genauerem Hinsehen bemerke ich zudem eine gemütliche Sitzecke. Rustikale Bänke laden zum entspannten Verweilen ein. Dazu gibt es selbstgebackene Küchlein und Limonade. Ich finde die Idee, alte Möbelstücke mit einem Café zu verbinden, einfach großartig! Das nostalgische Flair und die familiäre Atmosphäre locken in mir das Gefühl hervor, auf ein Stück Kuchen bei Oma eingeladen worden zu sein. Dabei strahlen die Inneneinrichtungsstücke eine solche Gemütlichkeit aus, dass man bei Hoek & Hildebrandt herrlich entspannen kann und am liebsten gar nicht mehr weg möchte.

Stefan und Jörg (v. li.) verkaufen nur das, was sie sich selbst in die Wohnung stellen würden.

Zum Kaffee liegen zahlreiche
Hochglanzmagazine aus.

Gneisenaustr. 4
24105 Kiel

Matters

Weltweite Interior Design Trends vor der Haustür

Aufgefallen sind mir bei Matters die vielen bunten Farben und schlichten Formen, die mich bereits durch das Schaufenster hindurch angesprochen haben. Ich sichtete Stücke von weltweit bekannten Designern wie Muuto, Ibride und Donna Wilson. Zudem jede Menge wundervolle Kleinigkeiten für den etwas schmaleren Geldbeutel. Läden wie Matters wehen einen frischen Wind durch unser schönes Kiel. Endlich kann man sich auch hier von außergewöhnlichen Inneneinrichtungsstücken überzeugen, die es bislang nur in Großstädten zu entdecken gab. Ganz besonders angetan war ich übrigens von dem riesigen schwarzen Raben von Ibride. Nun muss nur noch ein „artgerechter“ Platz in meiner Wohnung gefunden werden, damit das gute Stück auch richtig zur Geltung kommt.

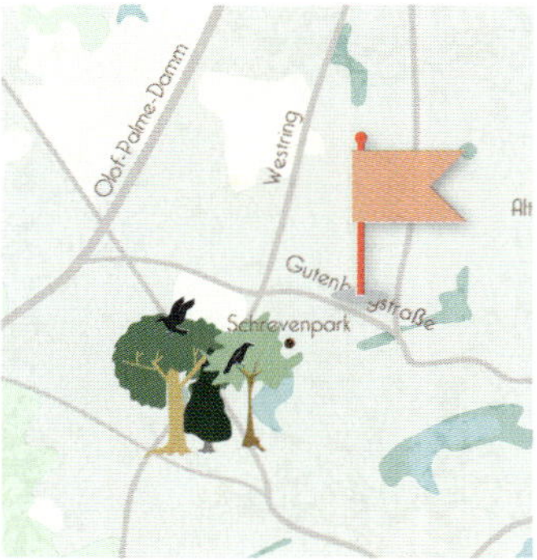

Knooper Weg 109
24116 Kiel

room

Lass dich verzaubern von einer Mischung aus Vintage und Moderne

Beim Betreten des Eckladens merke ich sofort, mit wie viel Stilgefühl die Einrichtung zusammengestellt wurde. Überall auf den hübschen Möbeln entdecke ich außergewöhnliche Vasen, Becher oder Lampen. Alles passt perfekt zusammen – wirkt aber dennoch abwechslungsreich und persönlich. Ganz besonders spannend finde ich, dass bei room Altes und Neues miteinander kombiniert wird. Schicke Vintage-Hocker kommen in der modernen Umgebung umso mehr zur Geltung. Eine nostalgische Uhr glänzt mit aktuellen Designerstücken um die Wette. In der Luft scheinen jede Menge Ideen und eine große Portion an Kreativität zu schwirren. Am liebsten würde ich es mir auf einem der Ledersessel bequem machen und den gesamten Tag hier verbringen.

Nostalgie-begeisterte Designliebhaberin: Inhaberin Elisabeth.

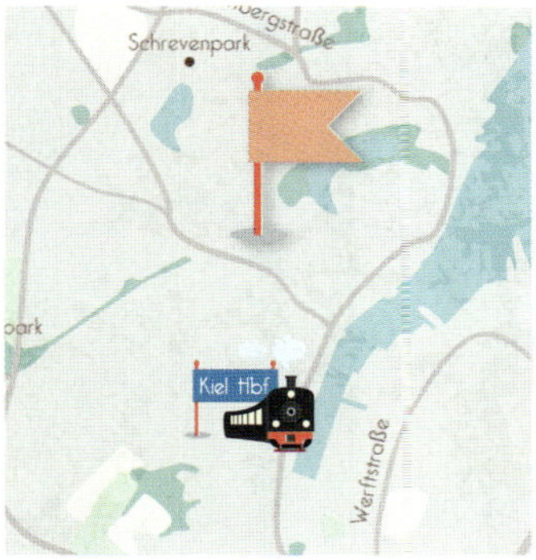

Kleiner Kuhberg 36
24103 Kiel

Stattfein

Auf Zeitreise durch liebevoll aufgearbeitete Vintage-Möbel

Schier unendlicher Ideenreichtum – genau das denke ich jedes Mal, wenn ich Stattfein besuchen fahre. Hier finden sich dekorative Apothekerfläschchen, rustikale Holzelemente und liebevoll aufgearbeitete Vintage-Möbel. Aber auch besondere Details wie extravagante Vasen, nostalgische Ventilatoren und ausgesuchtes Kinderspielzeug. Bei Stattfein komme ich mir immer ein wenig so vor, als wäre ich in einer anderen Zeit. Das Schöne ist, dass man alles anfassen und natürlich auch kaufen kann. Seit einigen Monaten gibt es in dem ausladenden Geschäft sogar eine Kaffee-Ecke. Zwischen all den wunderschönen Möbeln kann man es sich hier nun mit einer Tasse Cappuccino, ein paar Keksen und einer großen Auswahl an hochwertigen Interior-Magazinen und Büchern gemütlich machen.

Das Bummeln durch den Laden ist pure Inspiration.

Da sich die Einrichtung hier Tag für Tag auf ein Neues zu erfinden scheint, lohnt sich ein regelmäßiger Besuch!

PRAKTICA
LLC
Oreston
Meyer-Optik Görlitz

Design & Kunst

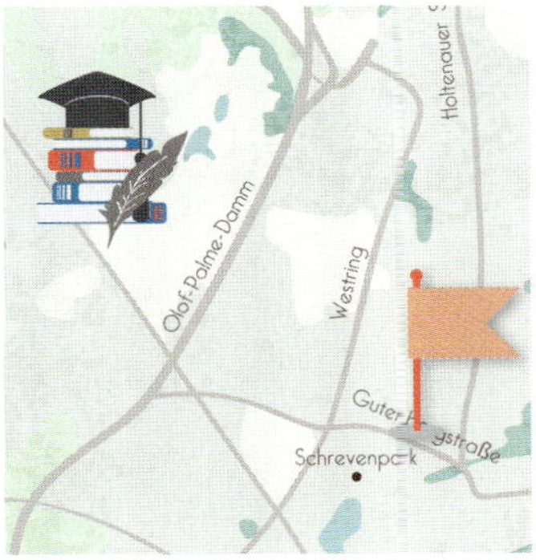

Lehmberg 34
24105 Kiel

Abendroth

Ein Ausflug in Danis filigrane Porzellan-Welt

Dass die junge Designerin mit echtem Herzblut arbeitet, merke ich bei jedem ihrer Handgriffe.

Porzellan verzeiht keine Fehler. Deshalb bewahrt Diplom-Designerin Dani auch all ihre versehentlich zerbrochenen Arbeiten auf. Sicher in der Vitrine verstaut, bilden die aufgehäuften Scherben fast schon selbst ein kleines Kunstwerk. Als ich Dani in ihrem Werkstatt-Laden besuche, bin ich auf Anhieb begeistert. Die gebürtige Berlinerin hat eine rosa Schürze umgebunden, an ihren Ohren baumeln fröhliche Porzellan-Blüten. Ihre Finger sind staubig, sehen nach Arbeit aus. Minutenlang sitzt sie ganz ruhig da – an ihrem rustikalen Tisch, mit dem Gesicht unter einer großen Lampe. Die Augen ganz starr auf das zerbrechliche Gut in ihrer Hand gerichtet. Die Finger arbeiten präzise und sorgsam. Mit einer unglaublich ausdauernden Ruhe sticht Dani ein filigranes Loch nach dem anderen in die bereits geformte, aber noch weiche Porzellan-Masse. Es entstehen kleine Libellen, Blüten und Ranken. Später wird das Ganze ein wunderschönes Teelicht ergeben. Einzigartig und besonders. Aber nicht nur Teelichte, auch zauberhafte Vasen, Becher und Schmuck finden sich in den Abendroth-Regalen.

Meine Favoriten sind
Danis märchenhafte
Blüten-Ringe.

Als Vorlage für Danis Vasen dienen kleine Chemie-Fläschchen, die sie auf Flohmärkten gesammelt hat.

sprossen;
im Baumgarten.
im Baum-
neuen Arten

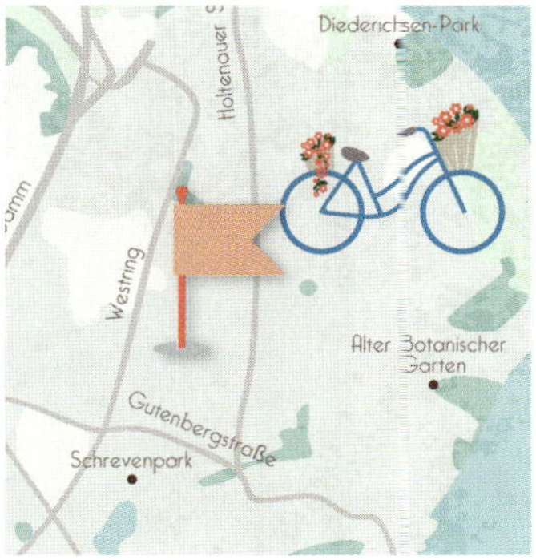

Waitzstr. 95 (Hinterhof)
24118 Kiel

Kunstquartier

Ein Abenteuerland für Perlensucher und Kreativlinge

Jule Nachtigall ist die wahrscheinlich kreativste Person, die ich jemals treffen durfte. Als ich ihr Kunstquartier betrete, fühle ich mich wie Pippi Langstrumpf, mit dem Piratenschiff angedockt im Abenteuerland. Durch die Kreativ-Arbeiten, welche sich hier innerhalb von vier Jahren angesammelt haben, schafft Jule etwas sehr Wertvolles. Ihr gelingt es, längst Erwachsenen erneut den grenzenlosen Horizont von Kinderaugen zu offenbaren. Für diese Rückführung findet man in ihrem Fuchsbau-artigen Atelier fast alles, nur keine Zeitmaschine. Knorrige Hexennasen strecken sich mir von den Wänden aus entgegen. An der Decke baumeln scheinbar verwunschene Meerjungfrauen, umhüllt von filigranen Fischernetzen. Damals aus einer sehr persönlichen Situation heraus entstanden, hat sich ihr Kunstquartier in den letzten Jahren immer weiter entwickelt und verselbstständigt.

Beim Kunstkanapee kann man herrlich dem Alltag entfliehen.

Vom Kindergeburtstag bis hin zur betrieblichen Weihnachtsfeier – mit ihren Kreativ-Workshops verzaubert Jule Groß und Klein.

Bei Kristina und Marcel fühle ich mich wie unter Freunden.

Wilhelmplatz 2
24116 Kiel

SoulPicture

Ein Fotostudio mit Leidenschaft und Persönlichkeit

Bei SoulPicture lassen sich Fotoshootings abseits des Mainstreams verwirklichen. Kristina und Marcel mischen ihrer Arbeit bei jedem Auftrag eine Prise Besonderheit bei. Die Bilder strahlen dem Betrachter förmlich entgegen – sind liebevoll umgesetzt, hell und klar. Die beiden leben und lieben ihre Arbeit, das spürt man mit jeder Faser. Umgesetzt werden die Fotos im eindrucksvollen SoulPicture-Studio am Wilhelmplatz – auf Wunsch auch unter freiem Himmel. Sogar ganze Hochzeitstage begleiten die beiden Fotografen meines Vertrauens. SoulPicture bedeutet für mich Lebensfreude, Gelassenheit und vor allem echte Emotionen. Wer vor der Kamera auftauen und jede Menge Spaß haben möchte, der ist hier genau richtig. Ich kann euch das Studio nur wärmstens ans Herz legen!

Das SoulPicture-Team zaubert mir immer ein Lächeln auf die Lippen.

Hochzeiten, Pärchen am Strand, Bewerbungen – jeder Wunsch wird kreativ umgesetzt.

15,-

WELCOME

Mode

KLEINE
BETA

Wilhelminenstr. 27
24103 Kiel

Frau Beta

Farbenfrohe Kleidung für trendbewusste Modeliebhaber

Viele Stücke werden nach individuellen Wünschen angefertigt.

Die Mode bei Frau Beta ist bunt und verspielt, aber auch sportlich und schlicht. Überall sichte ich hübsche Produkte von Labels wie King Louie, Blutsgeschwister und SHISHA. Zudem allerhand verspielten Kleinkram wie bonbonfarbene Reh-Buttons, Matrjoschka-Ohrringe oder Eulen-Kettchen. Ich entdecke zauberhafte Geschenkideen – frisch von der Nähmaschine: in erster Linie die hier hergestellte Frau-Beta-Kollektion, aber auch Taschen und kleine Beutelchen. Die Kleiderständer sehen aus, als hätte man diese einmal quer durch den Regenbogen gezogen. Und auch die nostalgische Umkleidekabine katapultiert Mädchenträume in ungeahnte Sphären.

Die neue Kindermode-
Kollektion „Kleine Beta"
ist mindestens genauso
niedlich wie die
Kleidung für Große.

adidas

Holtenauer Str. 74
24105 Kiel

Sneaxs

Kunterbunte Turnschuhe wie aus der Süßigkeiten-Fabrik

Ich lehne mich nicht weit aus dem Fenster, wenn ich behaupte, dass Sneaxs zu den wohl schönsten und wertvollsten Läden in Kiel gehört. Vor allem was Inneneinrichtung und Stilgefühl angeht. Ich kann mir das Geschäft in der Holtenauer Straße 74 genauso gut irgendwo am Times Square in New York vorstellen. Am besten direkt neben dem berühmten M&M's World Store. Mit seinen vielen farbenfrohen Turnschuhen, Caps und Brillen erinnert mich nämlich alles ein wenig an bunte Süßigkeiten. Im Inneren ist alles von oben bis unten durchgestylt. Von der Decke hängend, verbreiten Industrielampen warmes Licht im ganzen Raum. Während ich mich so umsehe, knarzt unter meinen Füßen ein 100 Jahre alter Dielenboden. Bei Sneaxs wird Turnschuhkultur gelebt. So heißt es hier, die Sneaker heutiger Generationen seien nicht mehr „nur noch" Freizeitschuhe, sondern vielmehr persönliche Markenzeichen, die dem jeweiligen Anlass entsprechen sollen.

Die Außenfassade ist in einem matten Grau gestrichen, riesige Schaufenster laden zum Staunen ein. Der goldene Sneaxs-Schriftzug thront stolz über der Tür.

Im gesamten Geschäft sind Vintage-Stücke aus längst vergangenen Jahrzehnten verteilt.

Bar Verkauf
Mark
Pfennig
0 0 0 0
UMTAUSCH NUR
GEGEN WARE ODER
GUTSCHEIN INNERHAL
14 TAGE
(REDUZIERTE WARE IST
AUSGESCHLOSSEN)

Rathausstr. 8
24103 Kiel

Tofte

Vorhang auf und Manege frei für ein neues Mode-Konzept

Besonders gut gefällt mir die 50er-Jahre-Einrichtung.

Tofte ist anders – bunt, eigenwillig und dabei auch noch fair. Das Geschäft gehört zu einem freien Ladenverbund, bestehend aus sieben Geschäften in ganz Deutschland. Hier werden zahlreiche fair gehandelte Biolabels angeboten. Ein zugehöriges Design- und Produktionsteam ist kontinuierlich auf der Suche nach neuen Inspirationen und Trends, um daraus neue Lieblingssachen zu zaubern. Für die eigens kreierten Marken „Green Potatoes" und „Adrett & Grün" werden beispielsweise spezielle Stoffe aus kontrolliertem biologischen Baumwollanbau verwendet. Der größte Teil der Kleidungsstücke wird zudem in einer eigenen Manufaktur angefertigt, damit am Ende auch ganz genau das herauskommt, was ursprünglich geplant war. Und das bedeutet nicht weniger als schöne Kleidung aus hochwertigen Stoffen zu fairen Preisen.

lofte

Sommerkleidchen mit Blumenprint und niedliche Pin-up-Shorts - bei Tofte findet man viele Lieblingsstücke.

Jungfernstieg 9
24103 Kiel

Vogelmilch

Entdecke Seepferdchen-Ketten und Kleider aus fernen Welten

Wenn ich bei Vogelmilch vorbeifahre, komme ich nicht drumherum, anzuhalten und in die herrlich dekorierten Schaufenster zu spähen. Dann scheint es, als hätte sich der Schaufensterinhalt wie von Zauberhand über Nacht ausgewechselt. Jeden Tag kommt etwas Neues hinzu, etwas Altes verschwindet. Ich entdecke surreale Oktopuslampen, Koffer voller Knopf-Ohrringe, mit buntem Allerlei behangene Äste und natürlich die märchenhaften, meist selbstgenähten Kleidungsstücke, die Vogelmilch so besonders machen. Hier habe ich eine Vielzahl an persönlichen Lieblingsstücken ergattert. So lagern in meinem Schrank Blusen aus feiner Seide, Kleider mit Puffärmeln und 70er-Jahre-Blümchenmuster oder auch ein herrlich ausgefallener Rokoko-Mantel – alles Schätze, fast zu schade zum Anziehen. Vogelmilch lädt dich dazu ein, in Welten voller märchenhafter Geschichten, Prinzessinnen und Seepferdchen einzutauchen. Komm vorbei und lass dich verzaubern!

Beim Tapezieren ihres Ladens hat Vera eine perfekt zu Vogelmilch passende Wandmalerei aus den 50er-Jahren entdeckt.

Hündchen Dinas Lieblingsplatz ist das Prinzessinnen-Sofa.

Rathausstr. 2
24103 Kiel

Zippel's Läuferwelt

Individuelle Beratung trifft auf den perfekten Laufschuh

Ich habe vor ein paar Monaten mit dem Laufen begonnen. Diesbezüglich war ich auf der Suche nach einer ausführlichen Beratung und bin auf Zippel's Läuferwelt gestoßen. Welcher Schuh eignet sich für mich am besten? Worauf muss ich bei meinen ersten Jogging-Ausflügen am meisten achten? Ganz individuell auf mich zugeschnitten, wurden all diese Fragen bei Zippel's beantwortet. Das sympathische Team – bestehend aus erfahrenen Läufern, ehemaligen Profitrainern und Sportstudenten – nimmt sich hier wirklich noch Zeit, um den perfekten Laufschuh für jedes Bedürfnis zu finden. Hier kannst du deine neuen Begleiter entweder eine Runde auf der Straße Probe laufen oder dich ein wenig auf dem Zippel's-Laufband austoben.

Auch hochwertige Laufbekleidung findet man hier.

Laufen ist ein sehr technischer Sport, bei welchem die richtige Ausrüstung nicht fehlen darf.

Ein Mädchentraum: meine neuen Lieblings-Laufschuhe.

IGORA ROYAL
HIGHLIFTS
HIGHLIFTS
10-1 HIGHLIFTS
10-4 HIGHLIFTS
12-0 HIGHLIFTS
12-1 HIGHLIFTS
12-11 HIGHLIFTS
12-19 HIGHLIFTS
12-2 HIGHLIFTS

Beauty

WUNDERSCHÖN
BY ULRIKE SCHÜTZE

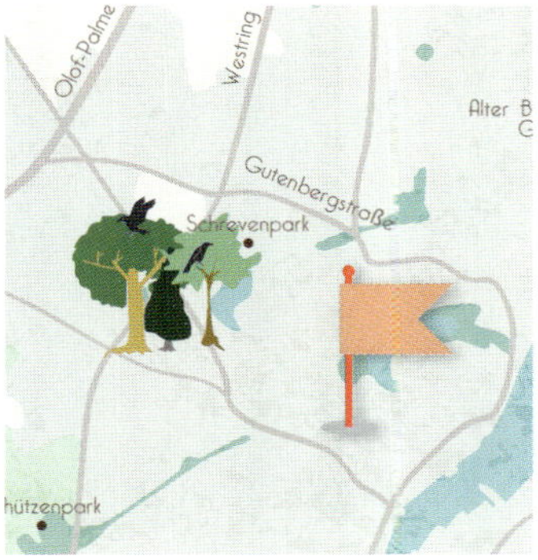

Waisenhofstr. 7/9
24103 Kiel

Handwerk

Make-up-Beratung trifft auf Wimpernverlängerung

In ihrem kleinen Geschäft bietet Annette Hülnhagen ein Wimpernlifting an, welches sich durch sehr viel schönere Ergebnisse sogar noch von der klassischen Wimpernwelle abhebt. Während der 45-minütigen Behandlung werden die Wimpern nicht wie bei der Welle auf ein kleines Röllchen geklebt – sie werden direkt am Ansatz nach oben gehoben und in diesem Zustand mit einem Volumenpräparat fixiert. Dadurch erhalten die Härchen einen sehr viel natürlicheren und intensiveren Schwung, welcher hypnotischer und edler wirkt. Auch den Traum von hochwertigen Wimpernverlängerungen kann man sich von Annette verwirklichen lassen. Da im Salon zudem Make-up-Beratungen angeboten werden, äußerte ich den Wunsch, ein leichtes 50er-Jahre-Make-up geschminkt zu bekommen. Annette ist Meisterin ihres Fachs und zauberte mir einen tollen Lidstrich plus einen Kussmund in dem perfekten Rot.

Annette hat sich mit Erfolg selbstständig gemacht.

Die individuellen Schminkberatungen eignen sich perfekt für einen Mädelsabend.

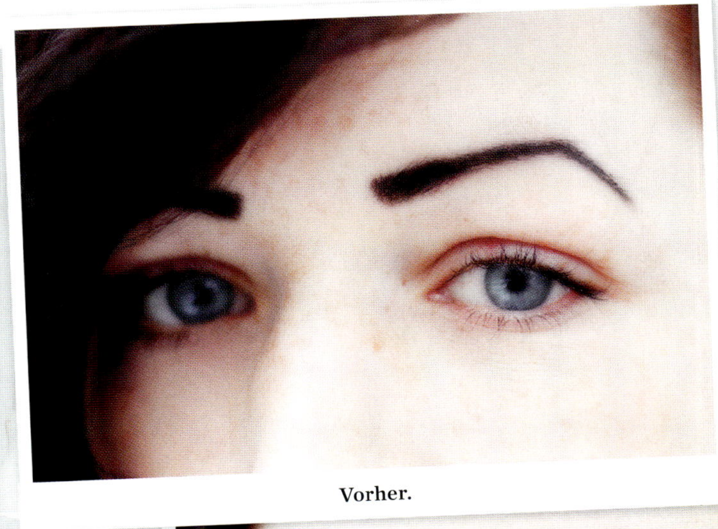

Vorher.

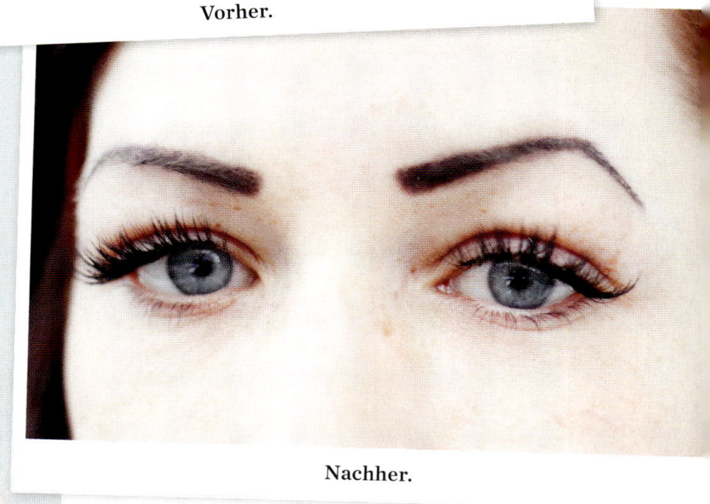

Nachher.

Die optische Umwandlung nach einer Wimpernverlängerung ist enorm.

Holtenauer Str. 53
24105 Kiel

natürlich schön

Zertifizierte Naturkosmetik für jeden Typ und Geschmack

Auch Kinderkleidung aus Naturtextilien gibt es hier.

Auf natürlich schön bin ich damals durch eine meiner liebsten Kosmetiklabels – Burt's Bees – aufmerksam geworden. Ich finde es großartig, dass es ausgesuchte Produkte des Unternehmens auch bei uns in Kiel zu ergattern gibt. Aber nicht nur Burt's Bees lädt zum ausgiebigen Schnuppern und Testen ein. Auch andere bewährte Firmen wie i+m oder Lavera stehen in Reas Regalen. Von Schminkutensilien wie Puder und Pinsel bis hin zu pflanzlichen Haarfärbemitteln, hochwertigen Bürsten und herrlich duftenden Badezusätzen – bei natürlich schön findet man das passende Naturprodukt für jedes Bedürfnis. Sogar diverse Kosmetikbehandlungen und individuelle Schminkberatungen bietet Rea an.

Rea berät ihre Besucher persönlich und ausführlich.

Die Lippenpflegestifte von Burt's Bees gehören zu meinen absoluten Favoriten.

Die maritimen Oceanwell-Produkte werden direkt in Kiel hergestellt.

HIGHLIFTS
10-0 HIGHLIFTS
10-1 HIGHLIFTS
10-4 HIGHLIFTS
12-0 HIGHLIFTS
12-1 HIGHLIFTS
12-11 HIGHLIFTS
12-19 HIGHLIFTS
12-2 HIGHLIFTS
12-4 HIGHLIFTS

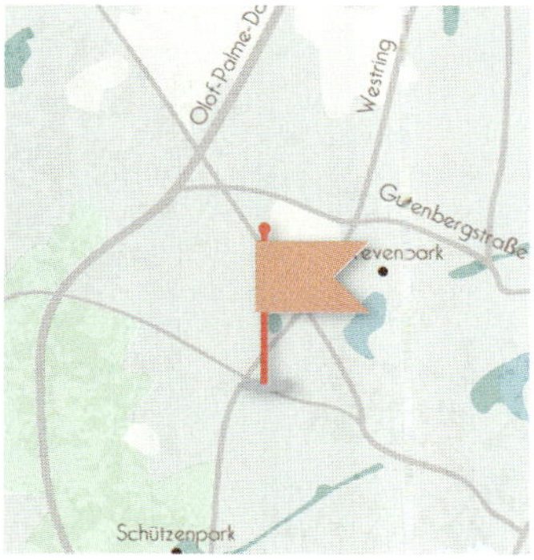

Kronshagener Weg 38
24116 Kiel

Passepartout

Ein Friseursalon, der das Besondere an dir hervorhebt

Warum man einen Friseursalon Passepartout nennt? Ganz einfach – Passepartout kommt aus dem Französischen und bedeutet übersetzt Rahmen. Laut Inhaberin Jana Boecker bilden die Haare genau diesen für das Gesicht, verleihen durch den passenden typgerechten Schnitt überhaupt erst den richtigen Ausdruck. Genau deshalb nimmt sich Jana bei jedem Besucher Zeit für eine umfangreiche Beratung. Sie zaubert euch die Frisur, die auch wirklich passt. Sie hebt das Besondere in jedem von uns hervor, was wir selbst aus Gewohnheit vielleicht schon längst wieder vergessen haben. Daraus erklärt sich von selbst, dass die Ergebnisse bei Passepartout einzigartig und dabei vor allem natürlich aussehen.

Ein eingespieltes Team:
Inhaberin Jana (r.) und ihre Kollegin Steffi.

OSiS+

Wer nach einer
ehrlichen Beratung
sucht, ist hier
richtig.

Gardener of Feelings

Holtenauer Str. 33
24105 Kiel

Stenders

Schnapp dir eine Freundin und begebe dich auf Kosmetik-Bummel

Bei Stenders findet man tolle Geschenkideen für die beste Freundin.

Rose, Flieder, Minze: Die handgemachten Naturkosmetik-Produkte bei Stenders sind so bunt gemischt wie die verschiedenen Blumen in einem wilden Garten. Anstelle von Rosen und Sträuchern trifft man hier jedoch in erster Linie auf herrlich duftende Badekugeln und märchenhaft verzierte Seifen. Außerdem gibt es diverse hochwertige Cremes, Massageöle und Peelings. Und auch der Laden ist ästhetisch und kreativ eingerichtet. Von der Decke baumeln Holzkisten mit zarten Blüten, die hübsche Inneneinrichtung ist perfekt aufeinander abgestimmt, und im Raum vermischen sich viele leckere Düfte miteinander. Alle Produkte bei Stenders sind natürlichen Ursprungs und komplett tierversuchsfrei. Ein schöner Anlass, um sich mal wieder etwas zu gönnen.

Zusammen mit ihren Kunden probiert Carolin alle Produkte aus.

Die zauberhafte Rosen-Seife zählt zu meinen Favoriten.

se Hund
tten&Loening Potsdam

Zeitreise

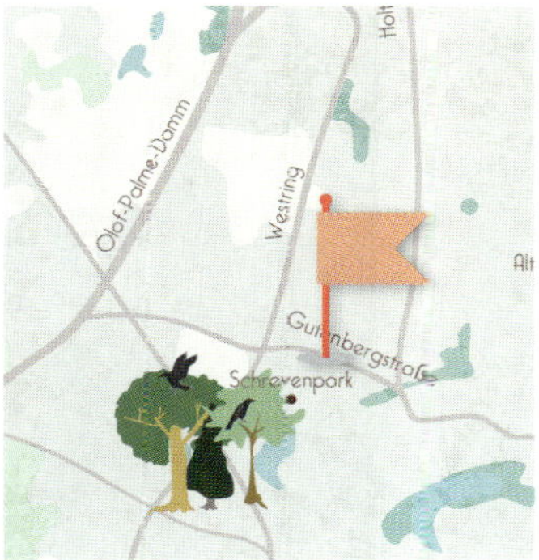

Gutenbergstr. 5
24116 Kiel

Diderot

Ein Antiquariat wie aus dem Bilderbuch

„Wie in der Winkelgasse aus Harry Potter." Das ist mein erster, laut ausgesprochener Gedanke, als ich das im Frühling 2013 eröffnete Antiquariat Diderot betrete. „Ja, irgendwie schon – nur in aufgeräumt", erwidert Inhaberin Jasmin Fritz hinter ihrem Computer-Bildschirm hervor und lächelt mich daraufhin freundlich an. Was mir zudem sehr schnell auffällt – Diderot ist anders. Ausgesuchter, verspielter, persönlicher. Man kommt nicht in irgendein Antiquariat, in welchem scheinbar wahllos mit angekauften Büchern um sich gestapelt wird. Viele der hier ausgestellten Exemplare erzählen mehr als die auf das Papier gedruckte Geschichte.

Inhaberin Jasmin findet ihre Bücher unter anderem über private Nachlässe.

Wenn ihr fragt,
bekommt ihr bei Jasmin
auch einen Kaffee.

In den deckenhohen Regalen entdecke ich Klassiker von Busch, Schiller und Goethe sowie Bildbände, Kinderbücher und Naturkunde à la Darwin.

R

Sternstr. 18
24116 Kiel

Restez!

Original französische Zutaten und historische Geheimrezepte

Der französische Bäcker Restez! zählt seit Jahren zu meinen absoluten Lieblingsadressen. So ist er für mich wie die Kirsche auf der Sahne. Feinstes Mehl aus den Grands Moulins de Paris oder das berühmte Salz aus dem Delta der Loire – alle Zutaten stammen aus Frankreich. Vor allem die Patisserie-Spezialitäten haben es mir angetan. Jedes einzelne Küchlein gleicht einem kleinen Kunstwerk, wird liebevoll von Hand angefertigt und schmeckt dabei einfach nur göttlich. Unsere Liebesbeziehung der etwas anderen Art begann vor knapp drei Jahren, als ich von dem verführerischen Duft nach ofenfrischen Croissants und Baguettes in den kleinen Eckladen gelockt wurde. Ich weiß noch, dass vor dem Eingang blau-weiß-rote Fähnchen im Wind wehten und mir viele Menschen mit strahlenden Gesichtern aus dem Geschäft entgegenströmten.

Macarons und Kuchen nehme ich im Sommer gerne mit in den Park.

Im Restez! werden Brote nach historischen Originalrezepten gebacken und mit einer individuellen Note verfeinert.

Prix
Prix

Bienvenue
Mouna
1,30 €
Briochettes
0,75 €
Mini Brioche
0,80 €

VERGISS DIE LIEBE
NYMPH()MANIAC
AB 20. FEBRUAR IM KINO
NYMPHOMANIAC.FILM
CONCORDE

Wilhelminenstr. 10
24103 Kiel

Studio Filmtheater

Independent-Filme und zeitlose Klassiker treffen auf gutes Popcorn

Die ersten Filme im Studio Filmtheater am Dreiecksplatz flimmerten bereits Anfang des vergangenen Jahrhunderts über die Leinwand. Zu diesem Zeitpunkt natürlich noch in Schwarz-Weiß und mit kurvigen Hollywood-Legenden in den Hauptrollen. Und auch noch heute liegt hier, neben dem herrlichen Duft nach frischem Popcorn, überall Nostalgie in der Luft. Regelmäßig werden Filmklassiker wie „Die Feuerzangenbowle“ oder Alfred Hitchcocks unvergleichbarer Kultfilm „Psycho“ gezeigt. An der Außenfassade hängen noch die originalen Leuchtanzeigen aus den 50ern. Sogar einen alten Farbfilm-Schriftzug entdecke ich. Im Studio wird die Leidenschaft zu echten Klassikern und die Hingabe zum ursprünglichen Kino großgeschrieben. Aber auch aktuelle Kassenschlager und zahlreiche Independent-Filme werden in den drei gemütlichen Kinosälen gezeigt.

Das Studio zählt zu den ältesten Kinos Deutschlands.

Die gemütliche Studio-Bar lädt zum Plaudern ein.

Ein sehr altes Foto der Kino-Außenfassade.

Hier fühlt man sich wie im Wohnzimmer, muss dabei aber nicht auf neueste Digitaltechnik verzichten.

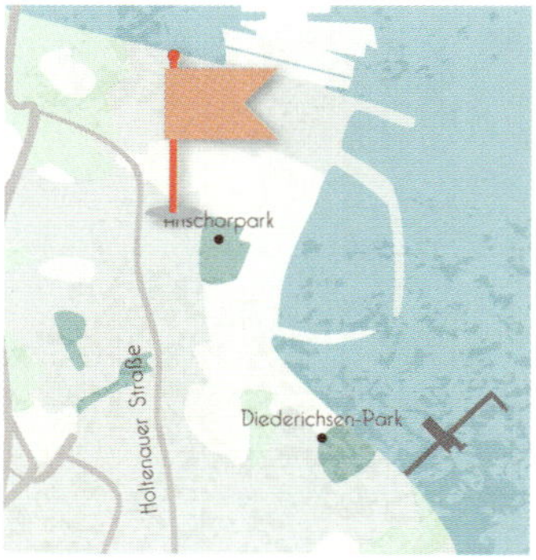

Adalbertstr. 19
24106 Kiel

Tante Suse

Erkunde einen versteckten Biosk im Maritimen Viertel

Schon beim Abbiegen in das Maritimen Viertel fühle ich mich ein wenig wie in eine andere Stadt und Zeit versetzt. Mit dem Ende der Feldstraße eröffnen sich vor meinen Augen alte Backsteinhäuser zwischen grünen Bäumen. Auf dem Gehweg sehe ich Kinder Blumen aus Kreide auf die grauen Steine malen. Ich befinde mich auf meinem Weg zu Tante Suse – einer Mischung aus Tante-Emma-Laden und Bio-Kiosk. Beim Betreten scheint es so, als könne man sich gerade mal um die eigene Achse drehen. Trotzdem findet sich Platz für vier Retrosessel, jede Menge Kissen und Büchern, einen Verkaufstresen und natürlich all das, was man bei Tante Suse so einkaufen kann: frisches Gemüse, Obst und Brot von lokalen Händlern, Eier, Milch, Säfte. Sogar ein paar Kosmetikartikel reihen sich dazwischen. Nicht zu vergessen die leckeren Cornetti, selbstgebackener Kuchen und sogar ein täglich wechselndes Mittagsgericht à la Suppe oder Quiche.

Wie es früher vielerorts üblich war, bekommt man hier auf engstem Raum nahezu alles, wonach es einem im alltäglichen Leben bedarf.

In der familiären Atmosphäre fühlt man sich sofort wohl.

unverpackt
lose, nachhaltig, gut
- ungeschält kbA
/ 100g inkl. MwSt
MHD 30.11.2014
unverpackt
lose, nachhaltig, gut
0,49 €/100g
4,90 €/kg
unverpackt
lose, nachhaltig, gut
chenerbsen 7 mm kbA
0,47 €/ 100g inkl. MwSt.
MHD 04.01.2015

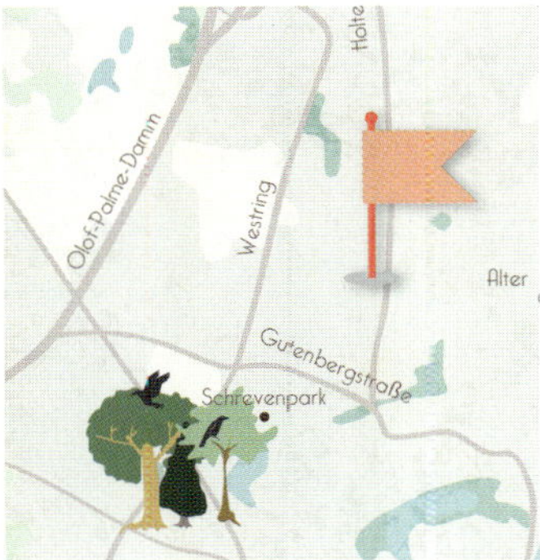

Holtenauer Str. 85
(Eingang Waitzstr.)
24105 Kiel

unverpackt

Erlebe ein Ladenkonzept wie zu Tante-Emma-Zeiten

Wie der Name schon sagt, bekommt man bei unverpackt alle angebotenen Produkte ohne Verpackungsmaterial. Hier gibt es vieles, wonach es einem im alltäglichen Leben bedarf. Eier, Nudeln, die verschiedensten Mehlsorten, Nüsse. Ja sogar Öle und Flüssigseifen. Beim Schlendern durch die prall gefüllten Regale wird mir bewusst, in wie vielen Fällen man auf Plastik und Co. durchaus verzichten kann. Wie es zu Tante-Emma-Zeiten üblich war, bringt man sich zu unverpackt eigene Behältnisse zum Befüllen mit. Überwiegend biologisch, lokal und saisonal – Inhaberin Marie hat das Konzept von unverpackt mit aus ihrem Heimatland Frankreich zu uns nach Kiel gebracht. Dort sind ähnliche Läden allgegenwärtig und werden von den Franzosen stark genutzt. Davon eine dicke Scheibe abschneiden, bitte.

VERKÄUFER 5
04.02.2014 21:47:55
0,060kg

Sogar eine gemütliche Sitzbank an der ausladenden Fensterfront gibt es.

Die älteren Besucher fühlen sich an ihre Kindheit erinnert und kommen aus dem Strahlen gar nicht mehr raus.

DANKSAGUNG

An dieser Stelle möchte ich mich bei den Menschen bedanken, die mich bei der Produktion des Förde-Fräulein-Buches tatkräftig unterstützt haben.

Zuerst bei meinem lieben Freund Gerret Halberstadt, der das Förde-Fräulein-Logo sowie das Blog-Design entwickelt hat und mir auch sonst immer zur Seite stand.
(www.webworkorange.de)

Ein weiteres großes Danke geht an die Fotografen von SoulPicture, welche die Editorial-Bilder beisteuerten.
(www.soulpicture.de)

Großartig auch die Arbeit der Illustratorin Genevieve Godbout, deren zauberhafte Portät-Zeichnung euch durch mein Buch führt.
(www.rose-a-petits-pois.blogspot.de)

Last but not least möchte ich dem Onlineshop Zalando danken, der mir ein passendes Matrosen-Kleid für das Editorial-Fotoshooting zur Verfügung gestellt hat.
(www.zalando.de)

Ahoi!
Eure Merle

Impressum

Förde Fräulein – Kiels zauberhafte Adressen ist eine Publikation aus dem Hause falkemedia.

Herausgeber: falkemedia Stadtmagazine GmbH, K. A. Goukassian (V. i. S. d. P.), An der Halle 400 #1, 24143 Kiel, Fon (0431) 200 766-00, Fax (0431) 200 766-50, HRA 8781 KI Amtsgericht Kiel

Redaktion, Fotografie & Bildbearbeitung: Merle Primke
Lektorat & Schlussredaktion: Kerstin Klostermann
Art-Direktion: Notburga Reisener
Layout & Bildbearbeitung: Darja Tronev, Wibke Freund, Heike Reinke
Illustration Stadtkarte: Ilona Maslioukovskagia

www.fördefräulein.de
www.falkemedia.de

fm falkemedia

Olof-Palme-Damm
25
Altwittenbeker Straße
Hauptstraße
23
NORD
WEST
OST
SÜD
Suchsdorfer Weg
Alte Landstraße
21
19
Köhlenwald
12
Skandinaviendamm
13
11
10
Rendsburger Landstraße
1. Heikendorf
2. Kitzeberg
3. Mönkeberg
4. Neumühlen-Dietrichsdorf
5. Kiel-Oppendorf
6. Wellingdorf
7. Ellerbek Wellingdorf
8. Klausdorf
9. Gaarden
10. Hassee
11. Russee-Hammer
12. Mettenhof
13. Hasseldieksdamm
14. Schreventeich
15. Südfriedhof
16. Altstadt
17. Damperhof
18. Brunswik
19. Kronshagen
20. Düsternbrook
21. Ottendorf
22. Ravensberg
23. Suchsdorf
24. Holtenau
25. Neuwittenbek